Vollständig überarbeitete
Miniausgabe des ebenfalls im
Verlag W. Hölker erschienenen Titels
„So kochten wir in Sachsen“.

5 4 3 2 1   13 12 11 10 09

ISBN 978-3-88117-776-4
Gestaltung: Niels Bonnemeier
Redaktion: Monika Römer, Jutta Engelage

www.hoelker-verlag.de

Printed in Italy

Inhalt

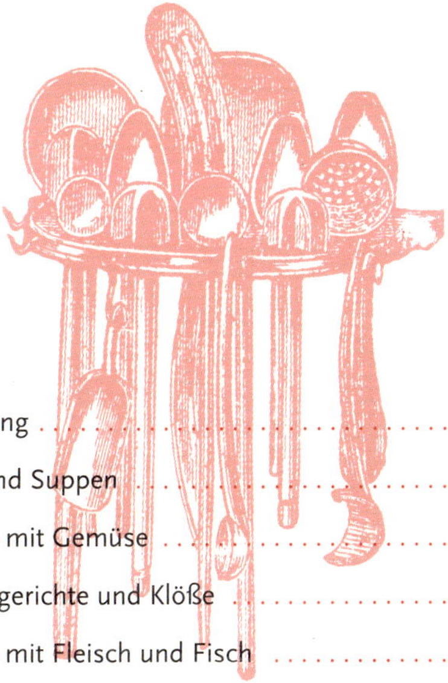

Einführung 4
Salate und Suppen 8
Gerichte mit Gemüse 20
Kartoffelgerichte und Klöße 30
Gerichte mit Fleisch und Fisch 42
Desserts und Backwerk 54
Verzeichnis der Rezepte 78

Die Rezepte in diesem Buch sind
für 4 Personen berechnet.

Einführung

Die sächsische Küche verbindet die Kochtraditionen ihrer Regionen und Landschaften – der Oberlausitz, des Erzgebirges und des Vogtlands – in ihrer ganzen deftigen wie köstlichen Vielfalt. Eines aber haben deren Bewohner nahezu ausnahmslos gemeinsam: die Kaffee- und Kuchenlust.

Ja, die süßen Kulinarien der Sachsen sind eine Welt für sich. Zum Hochgenuss werden sie jedoch erst, wenn der i-Punkt, das Däbbchen Bohnkaffee, danebensteht. Darin verschwinden ärschdemal de drocknen Guchen, ehe sä dann feichte ieber de Libben gomm. Ach, was gibt es Herrlicheres und Vollkommeneres un Geddlicheres als än gedidschten Streisel- oder Brasselguchn!

Zum Lieblingsgetränk der Sachsen wurde der Kaffee bereits Ende des 17. Jahrhunderts Johann Sebastian Bach widmete dem neuartigen Trunk der Bürgersleute eine „Comische Cantate“: „Schlendrian mit seiner Tochter Ließgen“, die als „Kaffeekantate“ bekannt wurde, und in der es unter anderem heißt:

Die Mutter liebt den Coffee-Brauch,
die Großmama trank solchen auch,
wer will nun auf die Töchter lästern?
Die Sachsen bleiben Coffee-Schwestern.

Führend für den öffentlichen Kaffeeausschank in Sachsen war eine kleine Leipziger Schenke, „Zum Coffee Baum“, die bereits im Jahre 1694 den Musentrunk kredenzte, in der auch August der Starke (1670–1733) zu

Gast gewesen und den Portalschmuck, einen früchtetragenden Kaffeebaum, spendiert haben soll (so will es jedenfalls die Legende, die bekanntlich länger lebt als die Wahrheit).
Zur gleichen Zeit stopfte der „alte Wolf“, ein Zimmermann aus Würschnitz im oberen Vogtland, einige runde, nicht gerade ansehnliche Knollen, die er aus Amsterdam mitgebracht hatte, in die Erde und trug somit, ohne es zu ahnen, dazu bei, dass sich alsbald zur Kaffee- und Kuchenlust die Kartoffellust gesellte. Die Erdäpfel wurden gekostet, für gut befunden und als Viehfutter und Küchen-Probierobjekt gepriesen. Nun gab es kein Halten mehr in vogtländischen, bald darauf auch in erzgebirgischen Küchen. Es wurde geschält, geschnippelt, gerieben, gestampft – und probiert. Auf Tellern dampften Schälerkartoffeln (Pellkartoffeln), Eigeschnietene (Bratkartoffeln), Kartoffelpelz (Kartoffelbrei) und Rauche Mad (Kartoffelpfanne), großzügig gewürzt mit Majoran, Petersilie, Dill, Salbei, Lorbeer, Knoblauch, Zwiebeln und Speck. Eine Häuslerin aus Raun übertrumpfte mit ihrer Küchenphantasie alle bisher vorhandenen Kartoffelschöpfungen, als sie auf den Mittagstisch eine Schüssel voll dampfender Griegeniffte, so heißen im Vogtland die grünen Klöße (niffen heißt reiben), stellte.
So ist das nunmal in Sachsen: Ums Essen macht mr ge Gemähre – Hauptsache es schmeckt. Aber wenn einer eine Spezialität hinaus in de Wäld dräächt, wie das Leipziger Allerlei, leckere Suppen, Braten, Saucen, Backwerk und Desserts, hat man selbstverständlich nichts dagegen – weder im Vogtland, wo im Musikwinkel der Geigenbau eine lange Tradition hat, noch im Erz-

gebirge, das auch Weihnachtsland heißt, weil dort geschickte Hände anrührende Engel, Bergmänner, Pyramiden und Nussknacker schnitzen; auch nicht in der Oberlausitz, weithin bekannt wegen der kunstvoll bemalten Ostereier und den Osterritten.

Da sieht mersch mal widder, die Sachsen haben es auch mit der Gunst un Gultur: weltberühmtes Porzellan in Meißen, einmalige Kunstschätze in Dresden, Thomanerchor und Gewandhaus in Leipzig.

Und keine Angst! Nicht alle Sachsen reden sächsisch. Also ärschdemal: dr Leipzscher dud beim Schbrächen andersch sing'n als dr Drääädner. Der Oberlausitzer hat einen Quirl im Hals, der das unüberhörbare „rrrrr" zu Tage fördert. Die vogtländische Mundart gar hat überhaupt nichts Sächsisches. Die Laute klingen eher rund und guttural. Heraus kommt eine Mischung aus Fränkischem, Bayrischem und Oberpfälzischem. So richtsch gud läbd sichs nur in Sachsen – bei Gaffee-, Guchen- und Gardoffel-Genüssen, die sich, und das ist das besonders Schöne, ganz leicht zubereiten lassen. Viel Spaß dabei wünscht Ihnen Ihre

Salate und Suppen

Kopfsalat mit Kapuzinerkresse

1 Kopfsalat, Saft von 1 Zitrone,
2 EL Pflanzenöl, 1 Knoblauchzehe,
Salz, frisch gemahlener schwarzer Pfeffer,
2 Handvoll Kapuzinerkresseblüten

Die Salatblätter ablösen, abbrausen, in mundgerechte Stücke teilen und in eine Schüssel geben. In einer Schale Zitronensaft und Öl verrühren, Knoblauch schälen und durch die Presse dazudrücken, mit Salz und Pfeffer würzen. Das Dressing mit den Salatblättern vermengen, mit den gereinigten Kapuzinerkresseblüten garnieren und sofort servieren.

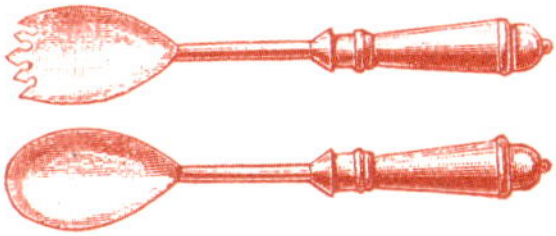

Gurkensalat

1 Salatgurke, 1/8 l saure Sahne,
3 EL Weinessig, 1/2 TL Zucker, Salz,
1 EL fein gehackter Dill

Die Gurke schälen und in dünne Scheiben schneiden. Saure Sahne, Essig, Zucker und Salz zu einem Dressing verrühren. In einer Salatschüssel mit den Gurkenscheiben mischen und mit dem Dill bestreuen.

Apfel-Möhren-Salat

2 Äpfel, Saft von 2 Zitronen, 2 EL Zucker,
250 g Möhren, 3 Orangen, 3 EL Portwein,
2 EL geröstete, gehackte Mandeln

Äpfel schälen, vierteln, vom Kerngehäuse befreien und klein würfeln. In einer Salatschüssel mit Zitronensaft und Zucker vermengen. Möhren putzen, grob raspeln und dazugeben. 2 Orangen so schälen, dass die weißen Häutchen mit entfernt werden. Die Früchte quer in dünne Scheiben schneiden, dabei von eventuell vorhandenen Kernen befreien, und zur Rohkost geben. Saft der restlichen Orange und Portwein zugeben, den Salat gut mischen und mit den Mandeln garnieren.

Kohlrabisalat

4 Kohlrabi, 150 g Joghurt, 2 EL Sahne,
4 EL Weinessig, Salz, 1 Prise
frisch geriebene Muskatnuss, 1/2 TL Zucker,
100 g Schinkenspeck, 1 hart gekochtes Ei

Kohlrabi schälen, grob raspeln und in eine Schüssel geben. Joghurt, Sahne und Essig zu einem Dressing verrühren, mit Salz, Muskat und Zucker würzen und mit den Kohlrabi mischen. Den Speck in kleine Würfel schneiden und in einer erhitzten Pfanne kross ausbraten. Das Ei pellen und fein hacken. Den Salat mit Ei und Schinken bestreuen und servieren.

Löwenzahnblütensalat

300 g Löwenzahnblüten, 1 Zwiebel,
100 g Schinkenspeck, Salz, 1/2 TL Zucker,
2 EL Weinessig, 2 hart gekochte Eier

Die Blüten reinigen und kreuzweise leicht einschneiden. Zwiebel schälen und fein hacken. Den Speck in kleine Würfel schneiden und in einer erhitzten Pfanne kross ausbraten. Blüten, Zwiebel, Salz, Zucker und Essig in eine Schüssel geben und mischen. Die Speckwürfel mit dem Fett darübergeben. Die Eier pellen, in Achtel schneiden und den Salat damit garnieren.

Eiersalat mit Brunnenkresse

6 hart gekochte Eier, 1 Bund Brunnenkresse,
150 g Joghurt, 1 EL mittelscharfer Senf,
3 EL Crème fraîche, 2 EL Zitronensaft, Salz,
frisch gemahlener schwarzer Pfeffer,
1/2 TL Zucker, 125 g durchwachsener Speck

Die Eier pellen und halbieren. Jede Hälfte in 3 Teile schneiden. Brunnenkresse abbrausen, trockenschütteln und die Blättchen von den Stielen zupfen. Joghurt, Senf, Crème fraîche und Zitronensaft zu einem Dressing verrühren und mit Salz, Pfeffer und Zucker würzen. Kresse in eine Salatschüssel geben, Eier darauf anordnen und mit der Sauce übergießen. Speck klein würfeln, in einer erhitzten Pfanne knusprig braten und darüberstreuen.

Wurstsalat

4 Bockwürste, 1 Paprikaschote,
2 Tomaten, 1 Zwiebel, 1 Apfel,
2 EL Sonnenblumenöl, 4 EL Weinessig,
Salz, frisch gemahlener schwarzer Pfeffer,
1 hart gekochtes Ei

Die Würste in dünne Scheiben schneiden. Paprika von Stielansatz, Samen sowie Scheidewänden befreien und in Streifen schneiden. Die Tomaten vom Stielansatz befreien und in dünne Scheiben schneiden. Den Apfel schälen, vom Kerngehäuse befreien und in kleine Würfel schneiden. Zwiebel schälen und ebenfalls fein würfeln. Wurstscheiben, Paprikastreifen, Tomatenscheiben, Zwiebel- und Apfelwürfel in einer Schüssel mischen. Aus Öl, Essig, Salz und Pfeffer ein Dressing rühren und darübergießen. Das Ei fein hacken und den Salat damit garnieren.

Bornaer Zwiebelsuppe

600 g Zwiebeln, 1 1/4 l Fleischbrühe, 1 EL Kümmel, Salz, frisch gemahlener weißer Pfeffer, 4–5 EL Butter, 2 EL Mehl, 2 Eigelb, 6 EL Sahne, 200 g Landbrot, 2 EL gehackte Kräuter nach Belieben

Die Zwiebeln schälen und in nicht zu dünne Scheiben schneiden. Die Brühe erhitzen, Zwiebeln, Kümmel, Salz und Pfeffer zugeben. Alles zum Kochen bringen und etwa 15 Minuten köcheln lassen, danach sollten die Zwiebelscheiben weich sein. Die Suppe durch ein Sieb streichen.

In einem zweiten Topf die Hälfte der Butter erhitzen, das Mehl zugeben und goldbraun anschwitzen. Zwiebelsuppe unter Rühren zugießen und einige Minuten köcheln lassen, dann vom Herd nehmen. Eigelbe und Sahne verquirlen und die Suppe damit legieren, warm stellen. Brot klein würfeln und in der restlichen Butter rösten. Suppe auf vorgewärmte Teller verteilen und mit Brotwürfeln und gehackten Kräutern garnieren.

Grüne Suppe

2 Zwiebeln, 2 Kartoffeln, 2 Stangen Lauch,
5 EL Butter, 1 l Fleischbrühe, Salz,
frisch gemahlener schwarzer Pfeffer,
1/8 l Sahne, 4 EL Schnittlauchröllchen

Zwiebeln und Kartoffeln schälen und würfeln. Lauch waschen und in Ringe schneiden. In einem Topf die Butter erhitzen und Zwiebeln und Lauch darin anschwitzen. Kartoffeln, Brühe, Salz und Pfeffer zugeben und alles 30 Minuten garen. Die Suppe durch ein Sieb streichen, erneut erhitzen, mit der Sahne verfeinern und mit Schnittlauchröllchen garniert servieren.

Dazu schmeckt eine Fettbemme – ein kräftiges Landbrot, dick mit Schmalz bestrichen.

Kräutersuppe

1 Zwiebel, 4–6 Stängel Kerbel, 2 Stängel Minze,
1/2 Bund Petersilie, 1 Stängel Majoran,
125 g Blattspinat, 2 EL Butter, 1 EL Mehl,
1 l Fleischbrühe, Salz, frisch gemahlener
schwarzer Pfeffer, 1/8 l Sahne, 1 Eigelb

Die Zwiebel schälen und in kleine Würfel schneiden. Die Kräuter abbrausen, die Blättchen von den Stängeln zupfen und klein schneiden. Spinat verlesen, gründlich waschen und in einem Sieb abtropfen lassen.

In einem Topf die Butter erhitzen, die Zwiebel darin anschwitzen, Kräuter und Spinat zufügen und alles 5 Minuten dünsten. Mit dem Mehl bestäuben, mit etwas Brühe aufgießen und die Suppe mit dem Mixstab pürieren. Den Rest der Brühe zugießen, mit Salz und Pfeffer würzen und die Suppe weitere 10 Minuten köcheln lassen. Von der Sahne 2 Esslöffel abnehmen und mit dem Eigelb verquirlen. Restliche Sahne unterrühren. Vom Herd nehmen, die Suppe mit der Eiersahne legieren (Vorsicht: Danach darf sie nicht mehr kochen!) und servieren.

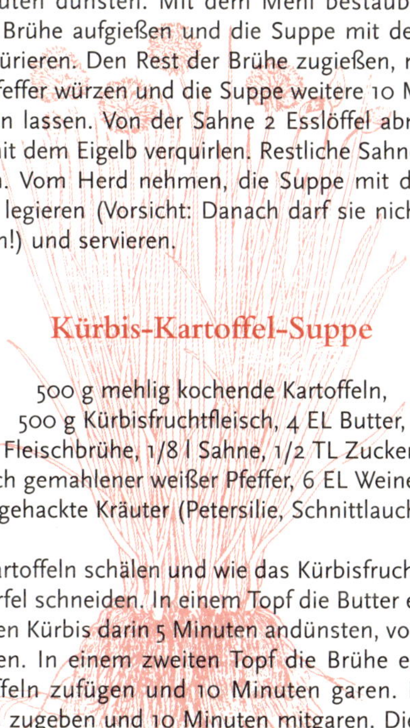

Kürbis-Kartoffel-Suppe

500 g mehlig kochende Kartoffeln,
500 g Kürbisfruchtfleisch, 4 EL Butter,
3/4 l Fleischbrühe, 1/8 l Sahne, 1/2 TL Zucker, Salz,
frisch gemahlener weißer Pfeffer, 6 EL Weinessig,
3 EL gehackte Kräuter (Petersilie, Schnittlauch, Dill)

Die Kartoffeln schälen und wie das Kürbisfruchtfleisch in Würfel schneiden. In einem Topf die Butter erhitzen und den Kürbis darin 5 Minuten andünsten, vom Herd nehmen. In einem zweiten Topf die Brühe erhitzen, Kartoffeln zufügen und 10 Minuten garen. Danach Kürbis zugeben und 10 Minuten mitgaren. Die Hälfte des Gemüses aus dem Topf nehmen, pürieren und erneut zur Suppe geben. Sahne unterrühren und die Suppe mit Zucker, Salz, Pfeffer und Essig würzen. Zuletzt die Kräuter zugeben. Dazu passt Schwarzbrot.

Frühlingssuppe

1 Zwiebel, 1 Möhre, 1 kleine Petersilienwurzel, 750 g Suppenfleisch, Salz, 1 Kohlrabi, 250 g Möhren, 250 g Spargel, 1 kleiner Blumenkohl, 100 g Butter, 1 EL Krebsbutter, 2 EL gehackte Kräuter nach Belieben

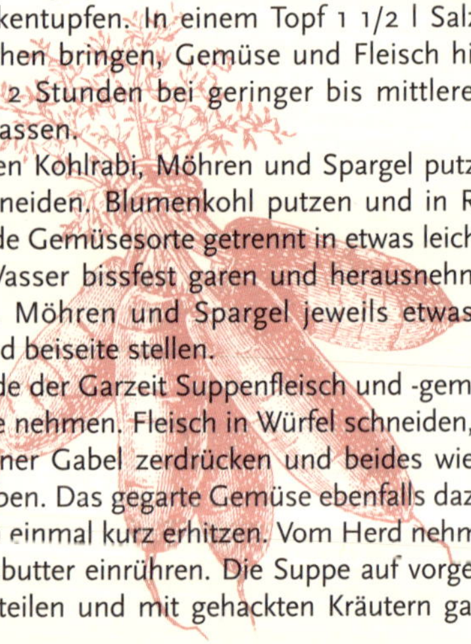

Zwiebel, Möhre und Petersilienwurzel schälen bzw. putzen und grob klein schneiden. Fleisch abbrausen und trockentupfen. In einem Topf 1 1/2 l Salzwasser zum Kochen bringen, Gemüse und Fleisch hineingeben und 2 Stunden bei geringer bis mittlerer Hitze köcheln lassen.
Inzwischen Kohlrabi, Möhren und Spargel putzen und klein schneiden. Blumenkohl putzen und in Röschen teilen. Jede Gemüsesorte getrennt in etwas leicht gesalzenem Wasser bissfest garen und herausnehmen. Zu Kohlrabi, Möhren und Spargel jeweils etwas Butter geben und beiseite stellen.
Nach Ende der Garzeit Suppenfleisch und -gemüse aus der Brühe nehmen. Fleisch in Würfel schneiden, Gemüse mit einer Gabel zerdrücken und beides wieder zur Brühe geben. Das gegarte Gemüse ebenfalls dazugeben und noch einmal kurz erhitzen. Vom Herd nehmen und die Krebsbutter einrühren. Die Suppe auf vorgewärmte Teller verteilen und mit gehackten Kräutern garnieren.

Für selbstgemachte Krebsbutter Krebsschalen zerstoßen, in etwas Butter anrösten, salzen, pfeffern und diese durch ein Sieb seihen. Sie verfeinert Suppen, Saucen, Gemüse und Fischfilets.

Oberlausitzer Abernsuppe (Kartoffelsuppe)

In der Oberlausitz nennt man die köstlichen Knollen vom Acker „Abern“ – abgeleitet von Ardbirnen oder Ardäpfeln. Auch im Vogtland und Erzgebirge spricht man selten von Kartoffeln, stattdessen von Erdäpfeln.

500 g Kartoffeln,
1 Stange Lauch, 2 Möhren, 1 Zwiebel,
1 l Fleischbrühe, 1 TL Kümmel, Salz,
frisch gemahlener schwarzer Pfeffer,
200 g durchwachsener Speck,
1 EL Butter, 2 EL gehackte Petersilie

Die Kartoffeln schälen und in grobe Stücke schneiden. Lauch waschen, wie die Möhren putzen und klein schneiden. Zwiebel schälen und würfeln. Gemüse in einen Topf geben, mit der Brühe aufgießen, mit Kümmel, Salz und Pfeffer würzen, zum Kochen bringen und bei mittlerer Hitze 20 Minuten garen.
Inzwischen den Speck klein würfeln. In einer Pfanne die Butter erhitzen und den Speck kross darin ausbraten. Die Suppe mit dem Mixstab pürieren, auf vorgewärmte Teller verteilen und mit Speck und Petersilie bestreut servieren.

Sorbische Hochzeitssuppe

Für die Suppe:
1 Möhre, 100 g Sellerie, 1 Zwiebel,
5 EL Schweineschmalz, 300 g Blumenkohl,
Salz, 1 l Fleischbrühe, 50 g kleine
Suppennudeln (z. B. Sternchennudeln)
Für die Leberklößchen:
200 g Leber, 1 Ei, 2 EL Semmelbrösel,
Salz, frisch gemahlener schwarzer Pfeffer,
1 Msp. frisch geriebene Muskatnuss
Für den Eierstich:
1 EL Butter, 2 Eier, 2 EL Sahne, Salz

Für die Suppe Möhre und Sellerie schälen bzw. putzen und klein schneiden. Die Zwiebel schälen und fein würfeln.
In einem Topf das Schmalz erhitzen, das Gemüse zugeben und 8 Minuten andünsten, samt Sud beiseite stellen. Den Blumenkohl putzen, in Röschen teilen und in Salzwasser 10 Minuten garen. Abgießen und mit kaltem Wasser abschrecken.
Für die Leberkößchen die Leber abbrausen und trockentupfen. Von Sehnen und Häutchen befreien. Durch den Fleischwolf drehen, mit Ei und Semmelbröseln mischen und mit Salz, Pfeffer und Muskat würzen. 1 Stunde zugedeckt kalt stellen. Danach mit feuchten Händen kleine Klößchen formen.
Für den Eierstich die Butter zerlassen und wieder abkühlen lassen. Die Eier mit der Sahne und der Butter verquirlen. Die Mischung durch ein Sieb seihen, sal-

zen und in eine Tasse füllen. Die Eimasse in ein heißes Wasserbad stellen und stocken lassen. Herausnehmen und abkühlen lassen.
Vor dem Servieren die Brühe erhitzen, Suppennudeln und Leberklößchen hineingeben. Kurz aufkochen lassen und bei geringer Hitze 10 Minuten köcheln lassen. Die beiseite gestellte Gemüsemischung samt dem Kochsud sowie den Blumenkohl zugeben. Vor dem Servieren noch einmal kurz erhitzen, mit einem Teelöffel abgestochenen Eierstich zufügen und die Suppe in vorgewärmte Teller füllen.

Meißner Weißkohlsuppe

750 g Weißkohl, 2 Zwiebeln, 5 EL Butter,
1 l Fleischbrühe, Salz, frisch gemahlener
weißer Pfeffer, 1/8 l Weißwein (z. B. Riesling),
1 EL Essig-Essenz, 1 Msp. gemahlene Nelken,
1 Msp. Muskatblüte, 2 EL Zucker

Den Kohl vierteln, vom Strunk befreien und in feine Streifen schneiden. Zwiebeln schälen und fein würfeln. In einem Topf die Butter zerlassen, Kohl und Zwiebeln zugeben und darin anschwitzen. Brühe angießen, salzen und pfeffern. Den Topfinhalt zum Kochen bringen und 20 Minuten köcheln lassen. Danach Wein, Essig-Essenz, restliche Gewürze und Zucker unterrühren und die Suppe zugedeckt weitere 10 Minuten garen. Reichen Sie dazu Schwarzbrot.

Gerichte mit Gemüse

Leipziger Allerlei

250 g Spargel, 250 g Möhren, 250 g Prinzessbohnen, 300 g Blumenkohl, 250 g Morcheln, 1/4 l Milch, 200 g Butter, Salz, 1 EL Zucker, 2 EL Krebsbutter (Rezept siehe Tipp S. 16), 1 Bund Petersilie, 4–8 gegarte Flusskrebsschwänze

Spargel, Möhren, Bohnen und Blumenkohl schälen bzw. putzen. Morcheln putzen und kurz blanchieren. Spargel und Bohnen in Stücke, Möhren und Morcheln in feine Scheiben schneiden. Blumenkohl in kleine Röschen teilen. In einem Topf Milch und 1/4 Liter Wasser zum Kochen bringen und den Blumenkohl darin 10 Minuten köcheln lassen. Herausnehmen.
In einer Pfanne 50 Gramm Butter zerlassen und die Morcheln darin 10 Minuten braten. Möhren, Spargel und Bohnen jeweils nacheinander in mit dem Zucker versetzten Salzwasser 10 Minuten bissfest (!) garen, herausnehmen und warm halten. Das Gemüse in der restlichen zerlassenen, leicht gesalzenen Butter schwenken und auf einer Platte anrichten. Morcheln obenauf legen. Krebsbutter erhitzen und das Gemüse damit beträufeln. Petersilie abbrausen, trockentupfen, zu kleinen Sträußchen arrangieren und das Gemüse damit garnieren. Gegarte Krebsschwänze aus den Schalen lösen und auf dem Gemüse anrichten.

Für das Leipziger Allerlei kann man je nach Saisonangebot das Gemüse variieren. Kohlrabi und junge Erbsen passen z. B. gut zu jungen Möhren.

Blumenkohl mit Schinkensauce

125 g durchwachsener Speck,
3 EL Butterschmalz, 2 EL Mehl,
400 ml Milch, 1/4 l Fleischbrühe,
1 Blumenkohl, Salz,
250 g gekochter Schinken,
4 EL Schnittlauchröllchen,
frisch gemahlener schwarzer Pfeffer,
Saft von 1/2 Zitrone, 2 Eigelb

Den Speck in kleine Würfel schneiden und in einer erhitzten Pfanne kross ausbraten. Herausnehmen und beiseite stellen. In dem verbliebenen Fett das Schmalz zerlassen, das Mehl einrühren und kurz anschwitzen. Milch und Brühe zugießen, unter Rühren aufkochen lassen und danach bei geringer Hitze 10 Minuten köcheln lassen.
Inzwischen den Blumenkohl putzen und in Röschen teilen. In einem Topf mit Salzwasser bedecken und in etwa 15 Minuten bissfest garen.
Den Schinken in feine Streifen schneiden und mit den Schnittlauchröllchen zur Sauce geben. 5 Minuten darin ziehen lassen. Mit Salz, Pfeffer und Zitronensaft würzen. Vom Herd nehmen. Das Eigelb verquirlen und unter die Sauce ziehen (Vorsicht: Danach darf sie nicht mehr kochen!). Die Blumenkohlröschen mit einem Schaumlöffel herausheben, auf vorgewärmten Tellern anrichten, mit der Sauce übergießen und mit Speck bestreuen. Dazu passen Petersilienkartoffeln.

Erbsengemüse

1 kg Erbsenschoten,
1 EL Butter, Salz, 1 TL Zucker,
1/2 TL abgeriebene unbehandelte Zitronenschale,
1 EL gehackte, zarte Minzeblättchen

Die Erbsen palen. In einen Topf mit erhitzter Butter geben und etwas Wasser zugießen. Mit Salz und Zucker würzen und zugedeckt 5 Minuten dünsten. Zitronenschale und Minzeblättchen unterrühren.

Bornaer Apfel-Zwiebel-Gemüse

500 g Zwiebeln, 500 g Äpfel, 5 EL Butter,
1/8 l Fleischbrühe, Salz,
frisch gemahlener schwarzer Pfeffer

Die Zwiebeln schälen und in dünne Scheiben schneiden. Äpfel schälen, in Spalten schneiden und dabei das Kerngehäuse entfernen.
In einem Topf die Butter erhitzen, Zwiebeln und Äpfel zugeben und kurz anschwitzen. Brühe angießen und alles 10 Minuten köcheln lassen. Mit Salz und Pfeffer würzen. Dazu passen Bratwurst und Kartoffelbrei.

Kohlrouladen

750 g Weißkohl, Salz, 1 Brötchen,
400 g Hackfleisch (halb Rind, halb Schwein),
1 Zwiebel, Salz, frisch gemahlener schwarzer Pfeffer,
1 Msp. frisch geriebene Muskatnuss,
1/2 TL Kümmel, 1 EL gehackte Petersilie,
5 EL Butterschmalz, 1/4 l Fleischbrühe, 8 EL Sahne

Den Weißkohl putzen, im Ganzen in einen Topf mit kochendem Salzwasser einlegen und 30 Minuten köcheln lassen.
Inzwischen das Brötchen in Wasser einweichen, nach einigen Minuten herausnehmen und gut ausdrücken. Das Hackfleisch in eine Schüssel füllen. Die Zwiebel schälen, in kleine Würfel schneiden und zusammen mit dem ausgedrückten Brötchen zum Fleisch geben, mit Salz, Pfeffer, Muskat, Kümmel und Petersilie würzen und gut mischen.

Den Weißkohl aus dem Topf nehmen, in einem Sieb abtropfen und abkühlen lassen. Die Blätter vom Strunk lösen und die dicken Rippen entfernen. Jeweils 2–3 Blätter übereinanderlegen, salzen und anteilig etwas von der Fleischmasse daraufgeben. Die Kohlblätter zusammenrollen und mit Küchengarn fixieren.
Den Backofen auf 180 °C (Gas Stufe 3, Umluft 160 °C) vorheizen. In einem Bräter Butterschmalz erhitzen, die Kohlrouladen hineingeben und rundherum braun anbraten. Die Brühe angießen und die Rouladen zugedeckt im vorgeheizten Backofen 50 Minuten garen. Die Kohlrouladen herausnehmen und vom Garn befreien. Den Bratsud mit Sahne verfeinern und mit Salz und Pfeffer würzen. Reichen Sie dazu Salzkartoffeln.

Rotkraut

1 kg Rotkraut, 5 EL Schweine- oder Gänseschmalz, Salz, 4 EL Zucker, 6 EL Weinessig, 2 Nelken, 2 säuerliche Äpfel, 1/8 l Rotwein

Den Kohlkopf vierteln, vom Strunk befreien und in feine Streifen schneiden. In einem Topf das Schmalz erhitzen, das Kraut hineingeben, mit Salz, Zucker, Essig und Nelken würzen und anschwitzen. Die Äpfel schälen, vierteln, vom Kerngehäuse befreien und zum Kraut geben. Rotwein und 1/4 Liter Wasser angießen, zum Kochen bringen und den Rotkohl in 45 Minuten bissfest köcheln lassen.

Sauerkraut

1 Zwiebel, 3 säuerliche Äpfel,
5 EL Schweineschmalz,
750 g Sauerkraut, 1/2 Lorbeerblatt,
1/2 TL Kümmel, 4 Wacholderbeeren,
1/8 l Weißwein (z. B. Riesling),
200 g durchwachsener Speck in Scheiben

Die Zwiebel schälen und in dünne Scheiben schneiden. Äpfel schälen, vierteln, vom Kerngehäuse befreien und in Spalten schneiden.
In einem Topf das Schmalz erhitzen, Zwiebel und Äpfel hineingeben und darin andünsten. Das Sauerkraut mit Lorbeerblatt, Kümmel und zerdrückten Wacholderbeeren dazugeben. Wein und 1/8 Liter Wasser angießen. Die Speckscheiben auf das Kraut legen und alles zugedeckt bei geringer Hitze 1 Stunde köcheln lassen.

Schmorgurken

1 Zwiebel,
1 kg Schmorgurken,
1 Knoblauchzehe, 3 EL Butterschmalz,
500 g Hackfleisch (halb Rind, halb Schwein),
Salz, frisch gemahlener schwarzer Pfeffer,
2 EL Brunnenkresseblättchen

Die Zwiebel schälen und in kleine Würfel schneiden. Die Gurken schälen, halbieren, von den Kernen befreien und in Streifen schneiden. Knoblauch schälen und fein hacken.
In einer Pfanne das Butterschmalz erhitzen, die Zwiebelwürfel hineingeben und andünsten. Das Hackfleisch dazugeben und mitbraten. Gurken und Knoblauch untermischen. 1/4 Liter Wasser angießen, unterrühren und den Pfanneninhalt 15 Minuten garen. Mit Salz und Pfeffer würzen und die Brunnenkresse untermischen. Mit Oberlausitzer Brutabern (Rezept S. 37) oder Rauche Mad (Rezept S. 38) servieren.

Brunnenkresse ist etwas für verwöhnte Gaumen. Wer im Vogtland ihren Standort kennt, verrät ihn selten! Sie wächst an Quellen und klaren Bächen mit gleichbleibend temperiertem Wasser. Und die sind in verträumten Vogtlandwinkeln noch anzutreffen. Die würzige, etwas nach Rettich schmeckende Brunnenkresse ist eine der wenigen Wildpflanzen, die auch im Winter „liefern“.

Oberlausitzer Schmorgemüse

Dieses farbenfrohe Wintergemüse sieht man gern auf dem Teller, denn es schmeckt nicht nur gut, sondern birgt unter seiner Schale Vitamin C, Kalium und Magnesium. Es ist ein Jungbrunnen, wird in der Oberlausitz behauptet, und wer es mehr als einmal im Monat genießt, bekommt im Leben keinen bösen Husten.

1 kg Rote Bete, 2 Zwiebeln,
1 Knoblauchzehe, 5 EL Schweineschmalz,
Salz, 1 EL Zucker, 1 EL gemahlener Koriander,
1 Lorbeerblatt, 1/4 l Rotwein, 2 EL Weinessig,
1 EL Meerrettich, 1 EL Butter

Rote Bete, Zwiebeln und Knoblauch schälen. Rote Bete raspeln, Zwiebeln und Knoblauch fein hacken. Das Schmalz in einem Topf erhitzen, Gemüse und Gewürze zugeben, Rotwein und Essig angießen und den Topfinhalt zugedeckt 30 Minuten schmoren. Meerrettich und Butter zufügen und das Gemüse mit Zucker und Essig süß-sauer abschmecken.

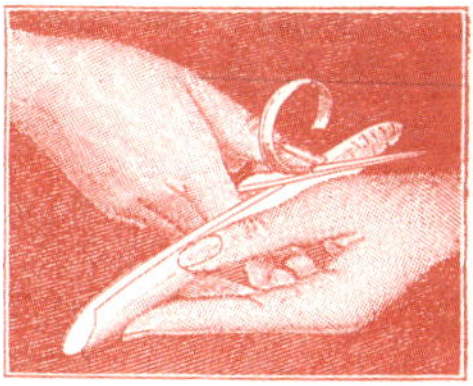

Spargelkuchen

600 g Spargel, Salz, Butter für die Springform,
250 g Toastbrotscheiben, 100 g Butter,
150 g gekochter Schinken, 4 Eier, 1/8 l Milch,
1/8 l Sahne, 2 EL geriebener Käse (z. B. Emmentaler),
frisch gemahlener schwarzer Pfeffer,
1 Msp. frisch geriebene Muskatnuss

Den Spargel dünn schälen und die holzigen Enden abschneiden. In kochendem Salzwasser in 15–20 Minuten bissfest kochen.
Inzwischen den Backofen auf 200 °C (Gas Stufe 4, Umluft 180 °C) vorheizen. Eine Springform einfetten. Vom Toastbrot die Rinde entfernen und die Form damit auslegen. Butter zerlassen und den Toast damit beträufeln. Spargel sternförmig auf den Brotscheiben anordnen. Schinken in feine Streifen schneiden und darüber verteilen. Eier, Milch und Sahne verquirlen und den geriebenen Käse untermischen. Den Guss mit Salz, Pfeffer, Muskat würzen und über den Spargel gießen. Im vorgeheizten Backofen in 15 Minuten goldbraun überbacken. Sofort servieren.

Kartoffelgerichte und Klöße

Sächsische Wickelklöße

1 kg durchwachsener Speck,
1 kg mehlig kochende Kartoffeln,
300 g Mehl, 1 TL Backpulver,
Salz, 2 Eier, 4 EL Milch,
4 EL Semmelbrösel,
1 1/2 l Fleischbrühe,
2 EL Schnittlauchröllchen

Den Speck in kleine Würfel schneiden und in einer erhitzten Pfanne kross anbraten. Den Pfanneninhalt in einem Sieb abtropfen lassen, das Fett dabei auffangen und beiseite stellen.

Inzwischen die Kartoffeln in der Schale garen, pellen und durch die Kartoffelpresse in eine Schüssel drücken. Mit Mehl, Backpulver, Salz, Eiern und Milch zu einem geschmeidigen Teig verarbeiten. Diesen zu einem Rechteck von 1 Zentimeter Dicke ausrollen. Die Speckwürfel auf dem Teig verteilen und die Semmelbrösel darüberstreuen – dabei rundherum einen Rand freilassen. Den Teig von der Längsseite her aufrollen, in 4 Zentimeter dicke Scheiben schneiden und daraus Klöße formen.

Die Brühe bis kurz unter den Siedepunkt erhitzen. Die Wickelklöße hineingeben und 20 Minuten gar ziehen lassen (Vorsicht: Das Wasser darf nicht kochen!). Mit einem Schaumlöffel herausheben und abtropfen lassen. In einer Schüssel anrichten, das beiseitegestellte Speckfett nochmals erhitzen und darübergeben. Mit Schnittlauchröllchen garniert servieren.

Griegeniffte (Grüne Klöße)

Ob die Thüringer oder aber die Vogtländer die grünen Klöße erfunden haben, ist bis heute umstritten. Im Vogtland heißen sie Griegeniffte (Grüngeriebene). „Niffen" heißt reiben. Gegessen werden sie da wie dort mit Leidenschaft zu Braten mit viel guter Sauce. Im Bunde der Dritte ist immer das Rotkraut (Rezept S. 25). Und auch die gedünstete, mit Preiselbeeren gefüllte Birne darf nicht fehlen.

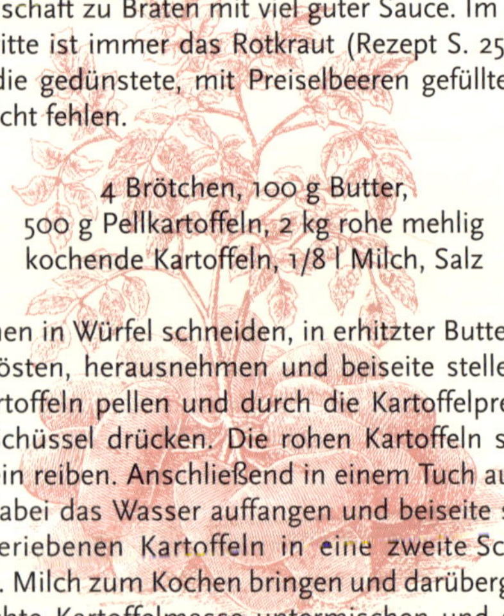

4 Brötchen, 100 g Butter,
500 g Pellkartoffeln, 2 kg rohe mehlig kochende Kartoffeln, 1/8 l Milch, Salz

Brötchen in Würfel schneiden, in erhitzter Butter goldgelb rösten, herausnehmen und beiseite stellen. Die Pellkartoffeln pellen und durch die Kartoffelpresse in eine Schüssel drücken. Die rohen Kartoffeln schälen und fein reiben. Anschließend in einem Tuch auspressen, dabei das Wasser auffangen und beiseite stellen. Die geriebenen Kartoffeln in eine zweite Schüssel geben. Milch zum Kochen bringen und darübergießen. Gekochte Kartoffelmasse untermischen und salzen. Von dem beiseite gestellten Kartoffelwasser etwas abgesetzte Stärke zufügen; dabei soll eine geschmeidige Masse entstehen.
In einem großen Topf Salzwasser zum Kochen bringen. Aus dem Teig etwa tennisballgroße Klöße formen, dabei in die Mitte jeweils einige geröstete Brötchen-

würfel geben. So in kochendes Salzwasser einlegen, dass sich die Klöße nicht berühren. Kurz aufkochen und dann knapp unter dem Siedepunkt 20 Minuten ziehen lassen (Vorsicht: Sie dürfen danach nicht mehr kochen, sonst fallen sie auseinander!). Mit einem Schaumlöffel herausheben, abtropfen lassen und in einer Schüssel anrichten.

Vogtländische Bambes (Pfannenklöße)

400 g gekochte Kartoffeln,
800 g rohe Kartoffeln, Salz, 1/4 l Buttermilch,
Butterschmalz zum Ausbacken

Die gekochten Kartoffeln pellen und fein reiben. Die rohen Kartoffeln schälen und ebenfalls fein reiben, etwas ausdrücken und mit der gekochten Kartoffelmasse vermengen. Salz und Buttermilch zugeben und alles zu einem dicklichen Brei verrühren.
In einer Pfanne etwas Butterschmalz erhitzen, mit Abstand einige Löffel Kartoffelteig hineingeben, flach drücken und auf beiden Seiten zu goldgelben Plätzchen ausbacken.

Die Pfannenklöße sind eine beliebte Beilage zu Braten, werden aber auch in einer süßen Variante mit Zimtzucker und Kompott heiß geliebt. Am besten schmecken sie, wenn sie frisch aus der Pfanne sofort in den Mund wandern.

Vogtländische Jägerklöße

Pilze werden im Vogtland und Erzgebirge schon seit eh und je reichlich in die Küchen geholt. Schon die Altvorderen schätzten ihre Würzkraft und verwendeten sie frisch, solange die Wälder „lieferten“. Damit man auch im Winter auf das gute Aroma nicht verzichten musste, legte man sich einen getrockneten Pilz-Vorrat an. Und daran hat sich bis heute wenig geändert.

200 g Waldpilze,
1 Zwiebel, 1,5 kg Kartoffeln,
250 g Speisestärke, Salz,
frisch gemahlener schwarzer Pfeffer,
1/4 l Milch, 3 EL gehackte Petersilie

Die Pilze putzen, mit feuchtem Küchenpapier abreiben und in feine Scheiben schneiden. Zwiebel schälen und fein reiben. Kartoffeln in der Schale garen, pellen und noch heiß durch die Kartoffelpresse in eine Schüssel drücken. Die Stärke untermischen und die Masse mit Salz und Pfeffer würzen. Gut mischen. Die Milch in einem Topf kochend heiß erhitzen und nach und nach unterrühren. Pilze, Zwiebel und Petersilie zufügen. Aus der Masse etwa tennisballgroße Klöße formen.
Das Salzwasser zum Kochen bringen, die Hitze reduzieren und die Klöße 20 Minuten knapp unter dem Siedepunkt darin ziehen lassen. Mit einem Schaumlöffel herausheben, abtropfen lassen und in einer Schüssel anrichten.

Watteklöße

1 kg Kartoffeln, 2 Eier, 4 EL Speisestärke, Salz,
1 Msp. frisch geriebene Muskatnuss,
1 Brötchen, 2 EL Butter

Die Kartoffeln in der Schale garen, pellen und durch die Kartoffelpresse in eine Schüssel drücken. Eier und Stärke untermischen und die Masse mit Salz und Muskat würzen. Brötchen in kleine Würfel schneiden. Die Butter in einer Pfanne erhitzen und die Brötchenwürfel darin goldgelb rösten. Aus dem Kartoffelteig etwa tennisballgroße Klöße formen, dabei in die Mitte jeweils einige Brötchenwürfel geben.
In einem Topf Salzwasser zum Kochen bringen und die Klöße bei reduzierter Hitze knapp unter dem Siedepunkt darin ca. 20 Minuten ziehen lassen. Mit einem Schaumlöffel herausheben, abtropfen lassen und in einer Schüssel anrichten.

Oberlausitzer Abernmauke (Kartoffelbrei)

1 kg Kartoffeln, Salz,
500 g Äpfel oder Birnen,
1 EL Zucker, 1 EL Weinessig, 2 Nelken,
1/4 l Milch, 4 EL Sahne,
1 TL Butter, 1 Eigelb,
200 g durchwachsener Speck,
1 Zwiebel, 1 EL Leinöl

Die Kartoffeln schälen, waschen und grob klein schneiden. In einem Topf mit Salzwasser bedecken und darin garen. Das Obst schälen, in Viertel schneiden und vom Kerngehäuse befreien. In einem zweiten Topf in wenig mit Zucker, Essig und Nelken versetztem Wasser weich kochen. Kartoffeln und Obst abgießen. Die Kartoffeln mit dem Kartoffelstampfer zerstampfen. Milch, Sahne, Butter und Eigelb einrühren. Das Obst durch ein Sieb streichen und mit der Kartoffelmasse mischen. Den Speck in kleine Würfel schneiden. Die Zwiebel schälen und fein würfeln.
In einer Pfanne das Öl erhitzen, Speck und Zwiebel darin knusprig braten und vor dem Servieren über der Abernmauke verteilen. Dazu schmecken Bratwürste und Sauerkraut.

Für Abernmauke gibt es etliche Varianten: Sie können die Kartoffeln auch ohne Obst mit Milch, Salz und etwas Butter verrühren oder anstelle der Milch Fleischbrühe verwenden.

Oberlausitzer Brutabern (Bratkartoffeln)

1 kg Kartoffeln, 2 Zwiebeln,
5 EL Schweineschmalz, 5 EL Butter,
2 Eier, Salz, einige Gewürzgurken

Die Kartoffeln in der Schale garen, pellen und in Scheiben schneiden. Die Zwiebeln schälen und ebenfalls in Scheiben schneiden.
In einer Pfanne das Schmalz erhitzen und die Kartoffeln auf beiden Seiten darin knusprig braten. In einer kleinen Pfanne die Hälfte der Butter erhitzen, die Zwiebeln darin goldbraun braten und mit der Butter zu den Kartoffeln geben. Die restliche Butter zerlassen, die Eier hineinschlagen, stocken lassen und unter die Brutabern mischen, salzen. Auf vorgewärmte Teller verteilen und mit den Gurken garnieren.

Brutabern isst man solo, zu Würstchen oder Braten – aber besonders gern zu Sülze, die in der Oberlausitz Goalerte heißt.

Rauche Mad (Kartoffelpfanne)

1 kg Kartoffeln, Salz, 150 g durchwachsener Speck, 200 g Kochschinken, 80 g Butterschmalz, 80 g Butter, 1 Bund Petersilie, 2 Tomaten

Die Kartoffeln in der Schale garen, pellen und durch die Kartoffelpresse in eine Schüssel drücken, salzen. Speck und Schinken in kleine Würfel schneiden.
Für die erste Portion je 20 Gramm Schmalz und Butter in einer Pfanne erhitzen, ein Viertel der Speck- und Schinkenwürfel darin knusprig braten, ein Viertel der Kartoffelmasse fingerdick darauf verteilen und in etwa 6 Minuten hellbraun backen. Mit der knusprigen Seite nach oben auf einen vorgewärmten Teller geben. Im auf 50 °C vorgeheizten Backofen warm stellen. Die restlichen 3 Portionen auf die gleiche Weise backen und anrichten. Die Petersilie abbrausen, trockentupfen und zu kleinen Sträußchen arrangieren. Jede Portion mit Petersiliensträußchen und Tomatenachteln garnieren.

Das ehemalige Hauptgericht hat sich mittlerweile in eine gern gesehene Ergänzung zu Sauerkraut, Schmorbraten und Geflügel verwandelt.

Erzgebirgische Klitscher (Kartoffelpuffer)

Dieses herzhafte Backwerk ist auch bekannt unter den Namen Latschen, Frätzle, Buttermilchgetzen oder geback'ne Kläss.

1 kg rohe Kartoffeln,
500 g gekochte Kartoffeln,
Salz, 1/4 l Buttermilch,
Leinöl zum Ausbacken

Die rohen Kartoffeln schälen, fein reiben und etwas ausdrücken. Die gekochten Kartoffeln ebenfalls fein reiben, in einer Schüssel mit Salz und der Buttermilch mischen und mit den rohen Kartoffeln zu einem geschmeidigen Teig verarbeiten.
In einer Pfanne das Öl erhitzen. Jeweils einige Esslöffel des Kartoffelteigs mit Abstand in die Pfanne geben, flachdrücken und auf beiden Seiten knusprig braten. Fertige Klitscher im auf 50 °C vorgeheizten Backofen warm halten, bis der Teig aufgebraucht ist.

Klitscher schmecken besonders gut zu Braten mit Heidelbeeren oder Apfelmus als Begleiter.

Kartoffelkuchen

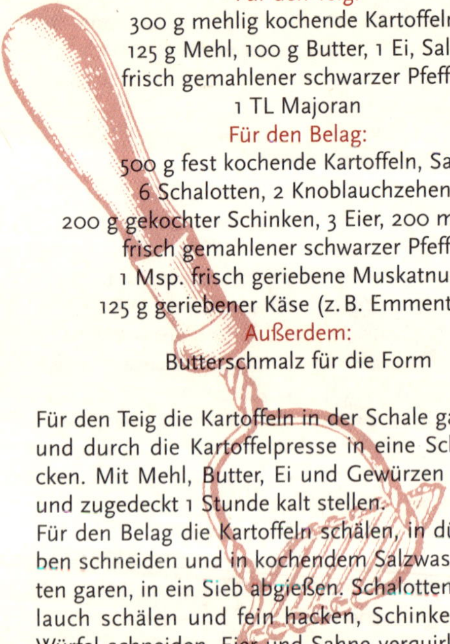

Für den Teig:
300 g mehlig kochende Kartoffeln,
125 g Mehl, 100 g Butter, 1 Ei, Salz,
frisch gemahlener schwarzer Pfeffer,
1 TL Majoran

Für den Belag:
500 g fest kochende Kartoffeln, Salz,
6 Schalotten, 2 Knoblauchzehen,
200 g gekochter Schinken, 3 Eier, 200 ml Sahne,
frisch gemahlener schwarzer Pfeffer,
1 Msp. frisch geriebene Muskatnuss,
125 g geriebener Käse (z. B. Emmentaler)

Außerdem:
Butterschmalz für die Form

Für den Teig die Kartoffeln in der Schale garen, pellen und durch die Kartoffelpresse in eine Schüssel drücken. Mit Mehl, Butter, Ei und Gewürzen vermengen und zugedeckt 1 Stunde kalt stellen.

Für den Belag die Kartoffeln schälen, in dünne Scheiben schneiden und in kochendem Salzwasser 3 Minuten garen, in ein Sieb abgießen. Schalotten und Knoblauch schälen und fein hacken, Schinken in kleine Würfel schneiden. Eier und Sahne verquirlen und mit Salz, Pfeffer und Muskat würzen.

Den Backofen auf 180 °C (Gas Stufe 3, Umluft 160 °C) vorheizen. Eine Springform mit dem Schmalz ausfetten. Den Teig durchkneten, ausrollen und die Form damit auslegen, dabei einen 3 Zentimeter hohen Rand hochziehen. Den Boden mehrmals mit einer Gabel einstechen. Nacheinander Kartoffelscheiben, Schalotten, Knoblauch, Schinken und geriebenen Käse darauf verteilen und mit der Eiersahne übergießen. Im vorgeheizten Backofen in etwa 45 Minuten goldbraun backen.

Kartoffelsalat

1 kg fest kochende Kartoffeln,
8 EL Weinessig,
6 EL Sonnenblumenöl,
150 g Mayonnaise, Salz,
frisch gemahlener schwarzer Pfeffer,
1 Prise Zucker, 1 EL mittelscharfer Senf,
1 kleine Zwiebel, 1 Gewürzgurke,
1 säuerlicher roter Apfel,
2 hart gekochte Eier,
2 EL Schnittlauchröllchen

Die Kartoffeln in der Schale garen, pellen, in Scheiben schneiden und in eine Schüssel geben. Aus Essig, Öl und Mayonnaise eine Sauce rühren und mit Salz, Pfeffer, Zucker und Senf würzen. Zwiebel schälen und fein reiben. Gurke in kleine Würfel schneiden. Apfel waschen und ungeschält in kleine Würfel schneiden, dabei das Kerngehäuse entfernen. Zwiebel, Gurke und Apfel in die Sauce einrühren. Zu den Kartoffeln geben und alles gut mischen. Die Eier schälen und in Viertel schneiden. Den Salat mit Eiern und Schnittlauchröllchen garnieren.

Gerichte mit Fleisch und Fisch

Sächsischer Senfbraten

1,5 kg küchenfertiger Schweinerollbraten,
Salz, frisch gemahlener schwarzer Pfeffer,
2 EL mittelscharfer Senf,
4 EL Butterschmalz, 3 Zwiebeln,
1 Möhre, 1 kleine Petersilienwurzel,
1/8 l Fleischbrühe, 2 Gewürznelken,
1/4 l Weißwein (z. B. Riesling),
1 EL Mehl

Das Fleisch mit Salz und Pfeffer würzen und mit Senf bestreichen. In einem Bräter das Butterschmalz erhitzen, den Rollbraten hineingeben und rundherum kräftig anbraten. Zwiebeln, Möhre und Petersilienwurzel schälen bzw. putzen und in grobe Würfel schneiden. Mit Brühe und Nelken zum Fleisch geben. Erhitzen und das Fleisch bei geschlossenem Deckel und mittlerer Hitze 30 Minuten schmoren. Danach den Wein angießen und den Braten weitere 60 Minuten garen.
Das Fleisch herausnehmen und warm stellen. Den Bratsud durch ein Sieb seihen. Das Mehl in wenig Wasser anrühren und die Sauce damit binden, mit Salz und Pfeffer abschmecken. Das Fleisch in Scheiben schneiden und mit der Sauce zu Tisch bringen.

Dazu schmecken Sächsische Wickelklöße (Rezept S. 31), Griegeniffte (Rezept S. 32), Rauche Mad (Rezept S. 38) oder Erzgebirgische Klitscher (Rezept S. 39) besonders gut.

Oberlausitzer Gewiegtesbrutl (Hackbällchen)

1 Zwiebel, 2 gekochte Kartoffeln,
500 g Hackfleisch (halb Rind, halb Schwein), Salz,
frisch gemahlener schwarzer Pfeffer, 1/2 TL Kümmel,
1/2 TL mittelscharfer Senf, Öl zum Ausbraten

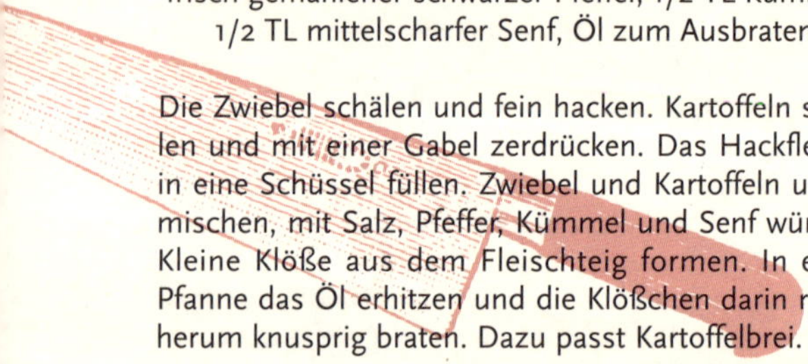

Die Zwiebel schälen und fein hacken. Kartoffeln schälen und mit einer Gabel zerdrücken. Das Hackfleisch in eine Schüssel füllen. Zwiebel und Kartoffeln untermischen, mit Salz, Pfeffer, Kümmel und Senf würzen. Kleine Klöße aus dem Fleischteig formen. In einer Pfanne das Öl erhitzen und die Klößchen darin rundherum knusprig braten. Dazu passt Kartoffelbrei.

Bierfleisch

2 Zwiebeln, 750 g Schweinekamm,
3 EL Butterschmalz, Salz, frisch gemahlener
schwarzer Pfeffer, 1 TL Kümmel, 1/4 l Fleischbrühe,
1/4 l Bier, 1 EL Mehl, 2 Äpfel, 3 EL Butter

Die Zwiebeln schälen und fein hacken. Das Fleisch waschen, trockentupfen und grob würfeln. In einem Topf das Schmalz erhitzen, Zwiebeln kurz darin anschwitzen, Fleisch zufügen und mit Salz, Pfeffer und Kümmel würzen. Brühe und Bier zugießen, erhitzen und das Fleisch 90 Minuten köcheln lassen. Mehl in wenig Wasser glattrühren und die Sauce damit binden.

Äpfel schälen, vom Kerngehäuse befreien und in 1 Zentimeter dicke Scheiben schneiden.
In einer Pfanne die Butter erhitzen, die Apfelscheiben darin schwenken, herausnehmen und auf dem Bierfleisch anrichten. Dazu passen Erzgebirgische Klitscher (Rezept S. 39).

Schmorbraten in Morchelrahm

30 g getrocknete Morcheln, 1/4 l lauwarmes Wasser, 2 Zwiebeln, 1,5 kg Rindfleisch (Keule), Salz, frisch gemahlener schwarzer Pfeffer, 4 TL getrockneter Rosmarin, 4 EL Butterschmalz, 1/8 l Rotwein, 1/8 l Fleischbrühe, 1/8 l Sahne

Die Morcheln im lauwarmen Wasser einweichen. Die Zwiebeln schälen und fein hacken. Das Fleisch abbrausen, trockentupfen und mit Salz, Pfeffer und Rosmarin einreiben.
Das Schmalz erhitzen, das Fleisch darin rundherum anbraten, die Zwiebeln zugeben, kurz mitbraten und den Rotwein angießen. Zugedeckt 30 Minuten schmoren lassen. Die Brühe und die Morcheln samt der Einweichflüssigkeit zugeben und alles weitere 60 Minuten köcheln lassen. Das Fleisch herausnehmen und warm stellen. Die Sahne unter den Bratfond rühren und die Sauce etwas einkochen lassen, mit Salz und Pfeffer würzen. Das Fleisch in Scheiben schneiden, auf vorgewärmten Tellern anrichten und etwas Sauce angießen. Dazu passen Salzkartoffeln oder Kartoffelklöße.

Gänsebraten

1 küchenfertige Gans (ca. 3 kg),
Salz, 2 Stängel Beifuß, 4 säuerliche Äpfel,
1 EL Speisestärke, 100 ml Sahne

Den Backofen auf 190 °C (Gas Stufe 4, Umluft 170 °C) vorheizen. Die Gans innen und außen waschen und trockentupfen, innen und außen mit Salz einreiben. Abgebrausten und trockengetupften Beifuß sowie geschälte und geviertelte Äpfel in die Bauchhöhle legen. Die Öffnung mit Küchengarn zunähen.
Einen Bräter mit Deckel 3 Zentimeter hoch mit Wasser füllen und es zum Kochen bringen. Die Gans mit der Brustseite nach unten hineinlegen. Zugedeckt im vorgeheizten Ofen etwa 1 Stunde garen. Wenden und mit dem Bratfond begießen. Am Bürzel mehrfach einstechen, damit das Fett ablaufen kann. Bereits ausgetretenes Fett abschöpfen. Nach 1 weiteren Stunde Bratzeit und mehrmaligem Wenden und Begießen den Deckel abnehmen, die Gans mit kaltem Salzwasser einpinseln und in weiteren 10 Minuten knusprig braten. Herausnehmen und warm stellen.
Die Sauce durch ein Sieb in einen Topf seihen, mit Küchenpapier entfetten und erneut erhitzen. Stärke in wenig kaltem Wasser anrühren und die Sauce damit binden. Mit Sahne verfeinern, salzen und pfeffern. Gans in Portionsstücke teilen, auf einer vorgewärmten Platte servieren und die Sauce separat dazu reichen. Dazu passen Kartoffelklöße und Rotkraut.

Oberlausitzer Osterlammtopf

2 kg Lammfleisch (Keule), 2 Zwiebeln,
4 Knoblauchzehen, 200 g durchwachsener Speck,
100 g Butterschmalz, Salz, frisch gemahlener
schwarzer Pfeffer, 2 EL mittelscharfer Senf,
1 Lorbeerblatt, 1 Stängel Thymian, 3/4 l Rotwein

Das Fleisch vom Knochen schneiden, abbrausen, trockentupfen und grob würfeln. Zwiebeln und Knoblauch schälen und wie den Speck fein würfeln.
In einem Topf das Schmalz erhitzen, Fleisch und Speck darin anbraten. Zwiebeln, Knoblauch, Salz, Pfeffer, Senf, Lorbeerblatt und abgebrausten Thymian zufügen und den Wein angießen. Das Fleisch zum Kochen bringen und zugedeckt 1 Stunde schmoren lassen. Vor dem Servieren das Lorbeerblatt entfernen und die Sauce mit Salz und Pfeffer würzen. Dazu passen Petersilienkartoffeln besonders gut.

Kaninchenbraten

1 küchenfertiges Kaninchen (ca. 1,5 kg),
3 Zwiebeln, 3 Knoblauchzehen, 3 EL Butterschmalz,
1 Stängel Salbei, Salz, frisch gemahlener schwarzer
Pfeffer, 2 EL Mehl, 1/2 l Buttermilch

Das Kaninchen in 8 Portionsstücke teilen, waschen und trockentupfen. Zwiebeln und Knoblauch schälen und fein hacken.

In einem Topf das Schmalz erhitzen und das Fleisch ringsherum darin anbraten. Zwiebeln, Knoblauch, abgebrausten und trockengetupften Salbei, Salz und Pfeffer zufügen und alles mit Mehl bestäuben. Buttermilch angießen, das Fleisch zum Kochen bringen und 60 Minuten köcheln lassen. Herausnehmen und auf einer vorgewärmten Platte anrichten. Die Sauce etwas einkochen lassen, abschmecken und separat dazu reichen. Dazu passen Griegeniffte (Rezept S. 32).

Sächsischer Rehbraten

1,5 kg Rehrücken, Salz,
frisch gemahlener schwarzer Pfeffer,
6 Salbeiblätter, 2 Möhren,
1 Zwiebel, 1 Knoblauchzehe,
5 EL Butterschmalz, 4 Wacholderbeeren,
6 EL Rotwein, 1/4 l Brühe, 1 EL Mehl,
4 EL Preiselbeeren

Das Fleisch abbrausen, trockentupfen, von Fett und Sehnen befreien und rundherum mit Salz, Pfeffer und Salbeiblättern einreiben. Möhren putzen und in Scheiben schneiden. Zwiebel und Knoblauch schälen und fein hacken.

In einem Bräter das Schmalz erhitzen und das Fleisch darin rundherum anbraten. Mit dem Rücken nach unten legen und zerdrückte Wacholderbeeren, Möhren, Zwiebel, Knoblauch, Wein und Brühe zugeben. Zum Kochen bringen und das Fleisch 40 Minuten garen. Herausnehmen und warm stellen.

Die Sauce durch ein Sieb seihen, dabei das Gemüse mit durchdrücken und erneut erhitzen. Das Mehl mit wenig kaltem Wasser verrühren und die Sauce damit binden, abschmecken. Preiselbeeren einrühren und kurz mit erhitzen. Den Braten auf einer Platte anrichten und die Sauce separat dazu reichen. Dazu passen Griegenifte (Rezept S. 32), Wickel- oder Watteklöße (Rezepte S. 31 und 35).

Forelle blau

4 fangfrische, küchenfertige Forellen,
Salz, 1/4 l Weißweinessig, 5 EL Butter, 1 EL Mehl,
1/4 l Weißwein (z. B. Riesling), 1/4 l Fischfond,
frisch gemahlener schwarzer Pfeffer,
4 EL Zitronensaft, 2 EL gehackter Dill, 4 Eigelb

Die Forellen waschen, leicht salzen und in eine flache Form legen. 1/2 Liter Wasser mit dem Essig zum Kochen bringen und heiß über die Fische gießen. In einem Topf Salzwasser erhitzen, die Forellen einlegen, kurz aufkochen und bei reduzierter Hitze 15 Minuten ziehen lassen, herausnehmen und warm stellen. Butter in einem Topf zerlassen, das Mehl darin anschwitzen, Wein und Fond zugießen und 5 Minuten köcheln lassen. Vom Herd nehmen. Mit Salz, Pfeffer, Zitronensaft und Dill würzen. Eigelbe unterschlagen (Vorsicht: Danach darf die Sauce nicht mehr kochen!). Die Sauce zu den Forellen servieren. Dazu passen Petersilienkartoffeln.

Behandeln Sie die Forellen mit Vorsicht. Ihre empfindliche Schleimhaut darf nicht beschädigt werden, sonst werden sie nicht gleichmäßig blau.

Gebratene Forelle

4 fangfrische, küchenfertige Forellen, Salz,
frisch gemahlener schwarzer Pfeffer, 3 EL Mehl,
80 g Butterschmalz, 100 g Butter, 2 Zitronen

Die Forellen waschen und trockentupfen. Innen und außen mit Salz und Pfeffer einreiben. Das Mehl auf einen Teller geben und die Fische darin wälzen.
In einer Pfanne das Schmalz erhitzen und die Forellen darin von jeder Seite 8 Minuten braten. Inzwischen die Butter zerlassen und die Zitronen in Scheiben schneiden. Die Fische herausnehmen, auf vorgewärmten Tellern anrichten, mit zerlassener Butter beträufeln und mit Zitronenscheiben garnieren. Dazu passen Petersilienkartoffeln.

Karpfen in Weinsauce

1 küchenfertiger Karpfen (ca. 1 kg),
Salz, 2 EL Mehl, 30 g Butterschmalz,
1 Knoblauchzehe, 1/4 l Weißwein (z. B. Traminer)

Den Karpfen waschen, trockentupfen, quer in Scheiben schneiden und salzen. Das Mehl auf einen Teller geben und die Scheiben darin wälzen. Knoblauch schälen und in Scheiben schneiden.
In einer Pfanne das Butterschmalz erhitzen und die Fischscheiben einlegen. Knoblauch dazugeben, Wein angießen und den Fisch 20 Minuten garen. Dazu passen Petersilienkartoffeln.

Oberlausitzer Apfelheringe

8 Salzheringsfilets,
4 Äpfel, 1 EL geriebener Meerrettich,
1/4 l saure Sahne, 3/8 l Milch,
1/2 Lorbeerblatt, 4 zerdrückte Pimentkörner

Am Vortag die Heringsfilets wässern, dabei mehrmals das Wasser wechseln. Am Tag der Zubereitung in eine saubere Schüssel legen. Die Äpfel schälen, vierteln, dabei vom Kerngehäuse befreien, raspeln und mit dem Meerrettich mischen. Saure Sahne, Milch, Lorbeerblatt und Pimentkörner zugeben und die Heringsfilets damit übergießen. Zugedeckt etwa 30 Minuten durchziehen lassen. Dazu passen Pellkartoffeln.

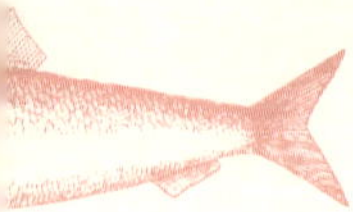

Matjesfilet in pikanter Sauce

1/2 l Milch, 8 Matjesfilets,
1/2 l saure Sahne, 2 EL Mayonnaise,
1 TL Zucker, frisch gemahlener weißer Pfeffer,
4 EL Weinessig, 2 Zwiebeln, 2 Äpfel,
2 Gewürzgurken

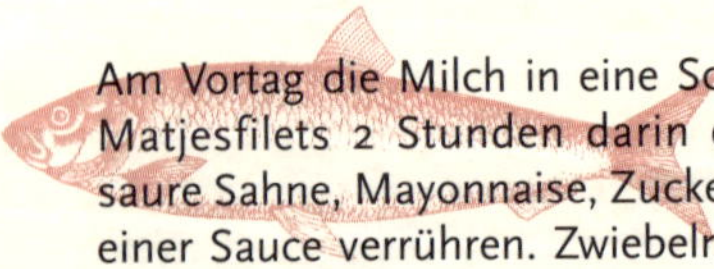

Am Vortag die Milch in eine Schüssel füllen und die Matjesfilets 2 Stunden darin einlegen. Inzwischen saure Sahne, Mayonnaise, Zucker, Pfeffer und Essig zu einer Sauce verrühren. Zwiebeln schälen und in feine Ringe schneiden. Äpfel schälen, vierteln, dabei vom Kerngehäuse befreien, und in feine Scheiben schneiden. Gurken ebenfalls in feine Scheiben schneiden. Zwiebel-, Apfel- und Gurkenscheiben unter die Sauce rühren. Die Matjesheringe ebenfalls hineinlegen. Zugedeckt über Nacht ziehen lassen. Dazu passen Petersilienkartoffeln oder kräftiges Landbrot.

Bratheringe

1 kg küchenfertige grüne Heringe,
Salz, 4 EL Zitronensaft, 2 EL Mehl, 1 Ei,
100 g Semmelbrösel, 80 g Butterschmalz,
2 Zwiebeln, 1 TL Zucker, 1/2 TL Salz,
10 Pfefferkörner, 2 Gewürznelken, 1 Lorbeerblatt,
1 Dillblüte, 1/2 l Weißwein (z. B. Riesling),
1/2 l Kräuteressig

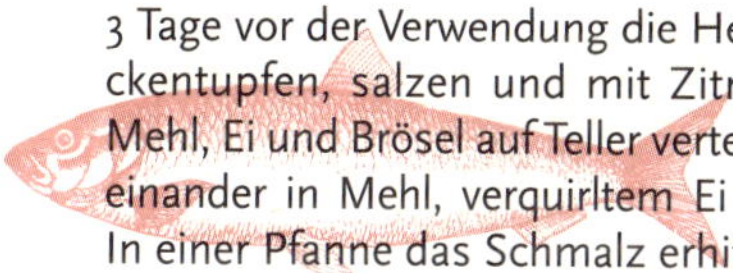

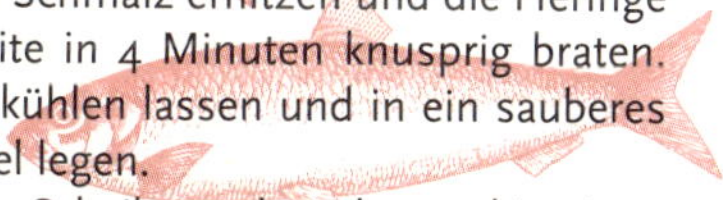

3 Tage vor der Verwendung die Heringe abbrausen, trockentupfen, salzen und mit Zitronensaft beträufeln. Mehl, Ei und Brösel auf Teller verteilen. Die Fische nacheinander in Mehl, verquirltem Ei und Bröseln wälzen. In einer Pfanne das Schmalz erhitzen und die Heringe darin von jeder Seite in 4 Minuten knusprig braten. Herausnehmen, abkühlen lassen und in ein sauberes Tongefäß mit Deckel legen.
Zwiebeln schälen, in Scheiben schneiden und in einen Topf legen. Zucker, Salz, Pfefferkörner, Nelken, Lorbeerblatt und Dill dazugeben und mit Wein und Essig aufgießen. Alles in einem Topf verrühren und kurz aufkochen. Abkühlen lassen und die Heringe mit dem Sud bedecken. Zugedeckt 3 Tage ziehen lassen.

Desserts und Backwerk

Sächsischer Sonntagspudding

Für den Pudding:
1/2 l Milch, 5 EL Butter, 100 g Zucker, 1 Prise Salz, 200 g Mehl, 4 Eier, 2 EL Zitronensaft
Für die Aprikosensauce:
250 g Aprikosenmarmelade, 1 Tasse heißes Wasser, ca. 2 cl Weinbrand
Außerdem:
3 EL Butter und 2 EL Grieß für die Form

In einem Topf Milch mit Butter, Zucker und Salz unter Rühren aufkochen. Mehl sieben und nach und nach einrühren. Weiterrühren, bis sich der Teig als Kloß vom Boden löst. In eine Schüssel legen und etwas abkühlen lassen. Eier trennen, Eigelbe und Zitronensaft nacheinander untermengen. Weiterrühren, bis der Teig schwer reißend vom Kochlöffel fällt. Eiweiß zu steifem Schnee schlagen und unterheben. Den Backofen auf 180 °C (Gas Stufe 3, Umluft 160 °C) vorheizen. Eine Puddingform mit Deckel ausbuttern, mit Grieß ausstreuen und die Masse einfüllen. Mit dem Deckel verschließen, in die mit 2 Zentimetern Wasser gefüllte Fettpfanne des Ofens setzen und den Pudding 45 Minuten garen. Den Deckel entfernen und weitere 5 Minuten backen. Herausnehmen, auskühlen lassen und den Pudding stürzen.
Inzwischen für die Aprikosensauce Marmelade und heißes Wasser verrühren. Durch ein Sieb streichen und den Weinbrand unterrühren. Lauwarm zum Pudding reichen.

Dazu passt auch eine Schokoladensauce.

Erdbeerdessert

750 g Erdbeeren, 125 g Zucker,
1 TL abgeriebene unbehandelte Zitronenschale,
1/8 l Weißwein, 1 EL Speisestärke,
1/4 l Sahne, 100 g geröstete Mandelsplitter

Die Erdbeeren putzen und halbieren. In einem Topf mit Zucker, Zitronenschale und Wein mischen und zum Kochen bringen. Stärke in wenig kaltem Wasser anrühren, zugeben und unter Rühren aufkochen lassen. In Portionschälchen füllen und erkalten lassen. Sahne steif schlagen. Die Portionen jeweils mit einem dicken Klecks garnieren und mit Mandelsplittern bestreuen.

Rote Grütze

100 g Johannisbeeren, 100 g Sauerkirschen,
100 g Himbeeren, 100 g Zucker, 2 EL Zitronensaft,
50 g Speisestärke, 1/8 l Sahne

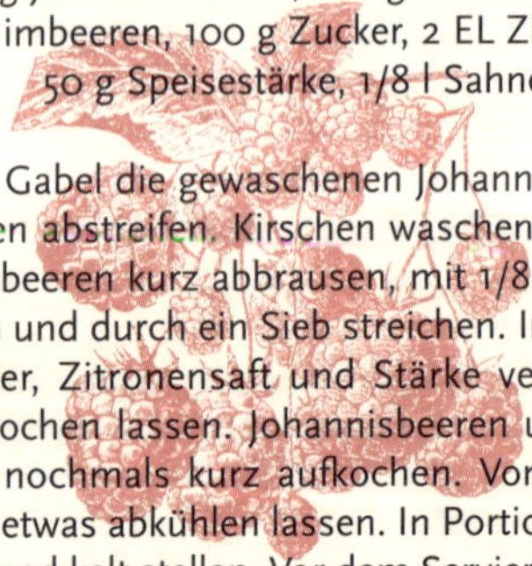

Mit einer Gabel die gewaschenen Johannisbeeren von den Stielen abstreifen. Kirschen waschen und entsteinen. Himbeeren kurz abbrausen, mit 1/8 Liter Wasser verrühren und durch ein Sieb streichen. In einem Topf mit Zucker, Zitronensaft und Stärke verrühren und kurz aufkochen lassen. Johannisbeeren und Kirschen zufügen, nochmals kurz aufkochen. Vom Herd nehmen und etwas abkühlen lassen. In Portionsschälchen verteilen und kalt stellen. Vor dem Servieren die Sahne steif schlagen und jeweils einen Sahneklecks auf jede Portion setzen.

Anstelle von Sahne können Sie auch Vanillesauce dazu reichen. Dafür verrührt man 125 Gramm Puderzucker und 3 Eigelb zu einer schaumigen Masse, bringt 1/8 Liter Sahne mit dem Mark 1 Vanilleschote zum Kochen und rührt sie leicht abgekühlt unter. Schließlich schlägt man die Masse über einem Wasserbad bei 80 °C dickschaumig auf.

Leipziger Ringtaler

2 Eier, 50 g weiche Butter, 1 Prise Salz, 1/4 l Milch, 200 g Mehl, 8 große Äpfel, 4 EL Zitronensaft, 100 g Zucker, Öl zum Ausbacken, Zimtzucker

Die Eier trennen. Eigelbe mit Butter, Salz und Milch verquirlen. Dann nach und nach Mehl und die Hälfte des Zuckers einrühren. Den Teig 15 Minuten quellen lassen. Inzwischen die Äpfel schälen, vom Kerngehäuse befreien und in 1 Zentimeter dicke Ringe schneiden. Mit Zitronensaft beträufeln und mit dem restlichen Zucker bestreuen. Eiweiße zu steifem Schnee schlagen und unterheben. Apfelringe durch den Teig ziehen und in erhitztem Öl auf beiden Seiten goldbraun ausbacken. Sofort mit Zimtzucker bestreut auf Tellern anrichten.

Sie können dazu zusätzlich Vanilleeis, Schlagsahne, Schokoraspel oder kandierte Kirschen reichen.

Quarkkeulchen

2 EL Rosinen, 2 EL Weinbrand, 500 g mehlig kochende Kartoffeln, 1 EL Mehl, 200 g Quark, 1 Prise Salz, 1 TL abgeriebene unbehandelte Zitronenschale, 3 Eier, 2 EL gehackte Mandeln, Butterschmalz zum Ausbacken, Zimtzucker, Apfelmus, Schlagsahne und kandierte Kirschen nach Belieben zum Garnieren

Die Rosinen in einem Sieb abbrausen und abtropfen lassen. In einem Schälchen mit dem Weinbrand marinieren. Die Kartoffeln in der Schale garen, pellen und handwarm (!) durch die Kartoffelpresse in eine Schüssel drücken. Mehl, Quark, Salz, Zitronenschale und Eier untermengen. Marinierte Rosinen und Mandeln einarbeiten. Mit bemehlten Händen kleine Keulchen (flache Plätzchen) aus dem Teig formen.
In einer Pfanne Butterschmalz erhitzen und die Keulchen darin auf beiden Seiten goldbraun backen. Mit Zimtzucker bestreut auf Tellern verteilen. Nach Belieben etwas Apfelmus, einen Klecks Schlagsahne und kandierte Kirschen dekorativ daneben anrichten.

Adorfer Eierkuchen

200 g mehlig kochende Kartoffeln, 4 Eier, 1/4 l Milch, 1 Prise Salz, 2 EL Zucker, 1 Päckchen Vanillezucker, 200 g Mehl, 500 g Pflaumen, Butterschmalz zum Ausbacken, Zimtzucker

Die Kartoffeln in der Schale kochen, pellen und durch die Kartoffelpresse in eine Schüssel drücken. Eier, Milch, Salz, Zucker und Vanillezucker in die Kartoffelmasse einarbeiten. Das Mehl sieben und nach und nach dazugeben. Die Masse 15 Minuten quellen lassen. Inzwischen die Pflaumen waschen, entsteinen, in Viertel schneiden und zur Teigmasse geben.
In einer Pfanne etwas Schmalz erhitzen, portionsweise Teig hineingeben und beidseitig zu goldgelben Eierkuchen ausbacken. Mit Zimtzucker bestreut servieren.

Anstelle der Pflaumen können Sie auch Äpfel, Birnen, Heidelbeeren oder Brombeeren verwenden.

Annaberger Plinsen

Kaffeezeit ist im Erzgebirge auch Plinsenzeit. Freilich hat es nicht immer zu Rosinen gereicht. Aber Kompott oder Marmelade aus Waldbeeren stand immer daneben.

10 g Hefe, 150 g Mehl, 1/4 l Milch, 2 Eier,
2 EL gewaschene Rosinen, 1 Prise Salz, 1 TL Zucker,
Leinöl oder Butterschmalz zum Ausbacken

Die Hefe zerbröckeln und mit den übrigen Zutaten bis auf das Fett zu einem dickflüssigen Teig verarbeiten. 30 Minuten zugedeckt quellen lassen. In einer Pfanne das Öl erhitzen. Den Teig durchrühren, jeweils eine kleine Kelle davon in die Pfanne geben und zu Plinsen (kleinen Eierkuchen) auf beiden Seiten goldgelb backen.

Leipziger Lerchen

Singvögel, speziell Lerchen, waren früher – ganz egal ob gekocht, gebraten, gefüllt, in Aspik oder als herzhafter Tortenbelag – ein sehr begehrtes Gaumenvergnügen. Nicht nur bei den Leipzigern. Auch andernorts schätzte man diese Delikatessen. Geschäftsleute erkannten die gute Geldeinnahmequelle und sorgten für ausreichenden Versand. Im Jahre 1876 war Schluss damit, das Fangen von Singvögeln wurde verboten. Ein Ersatz musste her, denn man wollte die inzwischen gewonnene Kundschaft schließlich nicht verlieren. Die Wahl fiel auf ein Marzipantörtchen, weil es schmackhaft und haltbar zugleich war. Die süße Leckerei fand Gnade vor den Genießern. Man kann ihrem Zauber bis heute nur schwerlich widerstehen.

Für den Teig:
250 g Mehl, 1 Ei, 1 Prise Salz, 1 TL Rum,
2 EL Zucker, 125 g Butter
Für die Füllung:
125 g weiche Butter, 4 EL Puderzucker, 1 Eigelb,
175 g gemahlene Mandeln, etwas Bittermandelaroma,
5 EL Mehl, 2 EL Speisestärke,
4 Eiweiß, 250 g Aprikosenkonfitüre
Außerdem:
Mehl zum Bearbeiten, Butter für die Förmchen

Für den Teig das Mehl in eine Schüssel sieben und in die Mitte eine Vertiefung drücken. Ei, Salz, Rum, Zucker und Butter in Flöckchen hineingeben. Von der Mitte aus die Zutaten zu einem glatten Teig verarbeiten. 1 Stunde zugedeckt kalt stellen.
Für die Füllung die Butter schaumig rühren. Puderzucker, Eigelb, Mandeln, Bittermandelaroma, Mehl und Stärke zugeben und gut verrühren. Eiweiß zu steifem Schnee schlagen und vorsichtig unterheben.
Den Backofen auf 180 °C (Gas Stufe 3, Umluft 160 °C) vorheizen. Den Teig auf einer bemehlten Arbeitsfläche 1/2 Zentimeter dick ausrollen und etwas für die Verzierung beiseite legen. Törtchenförmchen einfetten und mit dem übrigen Teig auslegen. Mit Aprikosenkonfitüre bestreichen und die Mandelmasse darauf verteilen. Jeweils 2 flache Teigstreifen kreuzweise darüberlegen. Im vorgeheizten Backofen etwa 20 Minuten backen. Herausnehmen, stürzen und sofort wieder umdrehen.

Bäbe (Rührkuchen)

Eine Bäbe ist zu jeder Jahreszeit (am liebsten täglich!) willkommen. Man mag sie am Morgen, am Nachmittag, an Sonntagen und zu allen feierlichen Anlässen. Sie ist ein Prunkstück auf der Kaffeetafel und eignet sich hervorragend zum „Didschen“ und „fier den sießen Abbedid“, der ja bekanntlich bei den sächsischen Feinschmeckern besonders ausgeprägt ist.

Für den Teig:
250 g Rosinen, 6 EL Rum,
500 g Mehl, 30 g Hefe, 125 g Zucker,
1/4 l lauwarme Milch, 200 g Butter, 4 Eier,
4 EL Sahne, 150 g gehackte Mandeln
Für die Glasur:
200 g Puderzucker, 4 EL Kakao, 3 EL Butter
Außerdem:
Butter und Semmelbrösel für
die Napfkuchenform

Für den Teig die Rosinen waschen, in einem Sieb abtropfen lassen und in einer Schale mit dem Rum marinieren. Das Mehl in eine Schüssel sieben, in die Mitte eine Vertiefung drücken. Die Hefe mit 1 Teelöffel Zucker in etwas lauwarmer Milch verquirlen und in die Vertiefung gießen. Etwas Mehl darüberstäuben. Den Vorteig zugedeckt an einem warmen, zugfreien Ort 30 Minuten gehen lassen. Restlichen Zucker, Butter, Eier, Sahne und Mandeln auf dem Mehlrand verteilen.

Von der Mitte aus die Zutaten zu einem glatten Teig verkneten. Marinierte Rosinen zugeben. Den Teig so lange durchkneten, bis er zu glänzen beginnt. Zugedeckt an einem warmen Ort 1 weitere Stunde gehen lassen.
Den Backofen auf 200 °C (Gas Stufe 4, Umluft 180 °C) vorheizen. Eine Napfkuchenform einfetten und mit Bröseln ausstreuen. Den Teig nochmals durchkneten und in die vorbereitete Form füllen. Im vorgeheizten Backofen etwa 60 Minuten backen (Stäbchenprobe machen!). Herausnehmen und etwas abkühlen lassen.
Für die Glasur den Puderzucker mit dem Kakao vermischen, sieben und mit 2 Esslöffel heißem Wasser glattrühren. Die Butter zerlassen und unterrühren. Die Bäbe aus der Form nehmen und mit der Schokoladenglasur überziehen.

LPG-Kuchen

Welche Bäuerin diesen Kuchen erfunden hat, ist nicht verbürgt. Aber eine fand sich immer, die ihn für Brigadefeiern der LPG (Landwirtschaftliche Produktionsgenossenschaft), zu Geburtstagen oder anderen Festen gebacken hat. So machte er bald die Runde von Dorf zu Dorf, von LPG zu LPG, von Stadt zu Stadt, von Bezirk zu Bezirk. Und er wurde immer beliebter und begehrter! Heute behauptet sich „der Moderne“ so selbstsicher auf der Kaffeetafel wie Streuselkuchen, Bienenstich, Prasselkuchen, Eierschecke oder Stollen.

Für den Teig:
250 g Butter, 4 Eier, 250 g Puderzucker,
1 Päckchen Vanillezucker, 1 Prise Salz,
250 g Mehl, 2 gestrichene TL Backpulver
Für die Creme:
1/2 l Milch, 1 Päckchen Vanillepuddingpulver,
2 EL Zucker, 250 g Butter, 250 g Butterkekse,
etwas Weinbrand
Für den Guss:
200 g Puderzucker, 3 EL Kakao,
2 Eier, 250 g Kokosfett
Außerdem:
Butter für das Backblech

Den Backofen auf 200 °C (Gas Stufe 4, Umluft 180 °C) vorheizen. Ein Backblech einfetten. Für den Teig in einer Schüssel die Butter schaumig schlagen. Die Eier trennen. Eigelbe, Puderzucker, Vanillezucker und das

Salz zugeben und kräftig schlagen. Das Mehl mit dem Backpulver mischen, sieben und nach und nach unter den Teig rühren. Eiweiße zu steifem Schnee schlagen und unterheben. Den Teig auf dem Backblech verteilen, in den vorgeheizten Backofen schieben und etwa 20 Minuten backen.

Inzwischen für die Creme die Milch in einem Topf erhitzen. Das Puddingpulver mit dem Zucker in wenig Wasser glattrühren, zugeben und kurz aufkochen. Vom Herd nehmen und abkühlen lassen. Die Butter schaumig rühren. Den Pudding löffelweise zugeben, gut verrühren und die Masse auf dem Boden verteilen. Die Kekse kurz in Weinbrand tauchen und dicht an dicht auf der Buttercreme anordnen.

Für den Guss Puderzucker und Kakao mischen, die Eier und das zerlassene, ausgekühlte Kokosfett einrühren, so dass eine dickflüssige Masse entsteht, und die Kekse damit überziehen. Bis zum Verzehr kalt stellen.

Dresdner Eierschecke

Für den Teig:
500 g Mehl, 30 g Hefe,
125 g Zucker, 1/4 l Milch, 200 g Butter,
1 Päckchen Vanillezucker, 1 Prise Salz
Für den Belag:
150 g Butter, 300 g Zucker, 8 Eier,
1 kg Quark, 1 Päckchen Vanillepuddingpulver,
1/2 TL abgeriebene unbehandelte Zitronenschale,
1 Prise Salz, 1 EL gemahlene Mandeln,
1 EL Speisestärke, 3 EL Weinbrand
Außerdem:
Butter für das Backblech,
Mehl zum Bearbeiten

Für den Teig das Mehl in eine Schüssel sieben und in die Mitte eine Vertiefung drücken. Die Hefe mit 1 Teelöffel Zucker in etwas lauwarmer Milch verquirlen und in die Vertiefung gießen. Diesen Vorteig zugedeckt 1/2 Stunde gehen lassen. Danach in Stücke geschnittene Butter, restlichen Zucker, Vanillinzucker, übrige Milch und Salz auf dem Mehlrand verteilen. Von der

Mitte aus alles zu einem glatten Teig verarbeiten und gut durchkneten. Zugedeckt 1 Stunde gehen lassen. Den Backofen auf 200 °C (Gas Stufe 4, Umluft 180 °C) vorheizen. Das Backblech einfetten. Den Teig nochmals durchkneten und auf einer bemehlten Arbeitsfläche ausrollen, das Blech damit auslegen und einen Rand hochziehen.
Für den Belag 100 Gramm Butter schaumig rühren, nach und nach 200 Gramm Zucker, 3 Eier, Quark, Puddingpulver, Zitronenschale, Salz und Mandeln einrühren. Die Masse auf dem Teig verstreichen. Die Stärke mit restlichem Zucker, 5 Eiern und der restlichen Butter verrühren. Weinbrand zugeben. Die Masse im heißen Wasserbad so lange schlagen, bis sie dickschaumig ist. Die Creme auf der Quarkmasse verstreichen. In den vorgeheizten Backofen schieben und etwa 45 Minuten backen. Sollte die Creme zu dunkel werden, die Oberhitze reduzieren.

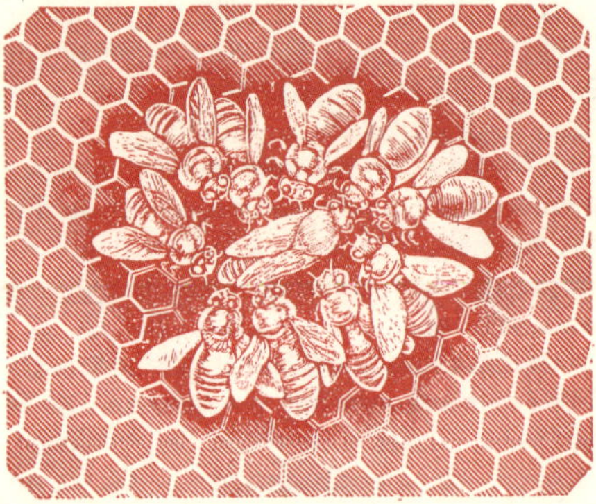

Gefüllter Bienenstich

Für den Teig:

500 g Mehl, 30 g Hefe, 1/4 l lauwarme Milch,
6 EL Butter, 3 EL Zucker, 1 Prise Salz, 1 Ei

Für den Belag:

150 g Butter, 4 EL Sahne,
150 g Zucker, 200 g gehackte Mandeln

Für die Füllung:

1/4 l Milch, 1 Päckchen Vanillezucker,
2 EL Zucker, 2 EL Speisestärke,
6 EL Kaffeesahne, 2 Eigelb, 1/8 l Sahne

Außerdem:

Butter für das Backblech,
Mehl zum Bearbeiten

Für den Teig das Mehl in eine Schüssel sieben und in die Mitte eine Vertiefung drücken. Die Hefe hineinbröckeln und mit der Milch verrühren. Den Vorteig zugedeckt 20 Minuten an einem warmen, zugfreien Ort gehen lassen. Die Butter zerlassen und mit Zucker, Salz und Ei auf dem Mehlrand verteilen. Von der Mitte her alle Zutaten vermengen. So lange weiterkneten, bis sich der Teig vom Schüsselboden löst. Zugedeckt 1 Stunde gehen lassen. Den Backofen auf 200 °C (Gas Stufe 4, Umluft 180 °C) vorheizen. Das Backblech einfetten. Den Teig nochmals durchkneten und auf einer bemehlten Arbeitsfläche ausrollen, das Blech damit auslegen und einen Rand hochziehen.
Für den Belag die Butter zerlassen. Sahne, Zucker und Mandeln einrühren und kurz erhitzen, bis die Mandeln leicht glasig sind. Etwas abkühlen lassen. Die Masse gleichmäßig auf dem Teig verstreichen. Diesen nochmals 10 Minuten gehen lassen. Danach im vorgeheizten Backofen etwa 30 Minuten backen. Herausnehmen und abkühlen lassen.
Für die Füllung Milch mit Vanillezucker zum Kochen bringen und vom Herd nehmen. Zucker, Stärke und Kaffeesahne verrühren und zur Milch geben. Unter Rühren kurz aufkochen, abkühlen lassen. Eigelbe unterrühren. Die Sahne steif schlagen und unter die Creme ziehen. Die ausgekühlte Teigplatte in der Mitte waagerecht durchschneiden, die untere Hälfte mit der Creme bestreichen und die obere Hälfte wieder daraufsetzen.

Wenn man den Kuchen zunächst in 4 Teile schneidet, lässt er sich besser waagerecht halbieren.

Kleckselkuchen

Für den Teig:
500 g Mehl, 30 g Hefe, 100 g Zucker,
1/4 l lauwarme Milch, 1 Prise Salz,
5 EL Butterschmalz
Für die Quarkmasse:
100 g Rosinen, 4 EL Rum, 500 g Quark,
2 Eigelb, 5 EL Butter, 125 g Zucker, 2 EL Milch,
1 EL Speisestärke, 2 EL Zitronensaft
Für die Mohnmasse:
5 EL Butter, 200 g gemahlener Mohn,
1/8 l Milch, 3 EL Semmelbrösel, 4 EL Zucker,
1 kräftige Prise Zimt
Für die Streusel:
100 g Mehl, 100 g Zucker, 100 g Butter
Außerdem:
Butter für das Backblech, Mehl zum Bearbeiten,
4 Äpfel, 4 EL Zitronensaft, 5 EL Butter,
100 g Puderzucker zum Bestäuben

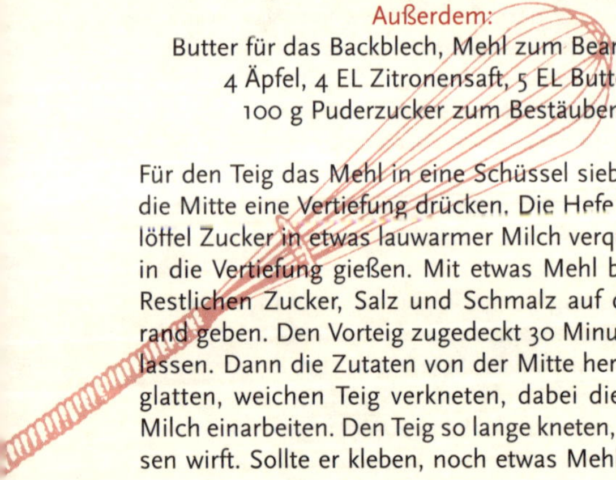

Für den Teig das Mehl in eine Schüssel sieben und in die Mitte eine Vertiefung drücken. Die Hefe mit 1 Teelöffel Zucker in etwas lauwarmer Milch verquirlen und in die Vertiefung gießen. Mit etwas Mehl bestäuben. Restlichen Zucker, Salz und Schmalz auf den Mehlrand geben. Den Vorteig zugedeckt 30 Minuten gehen lassen. Dann die Zutaten von der Mitte her zu einem glatten, weichen Teig verkneten, dabei die restliche Milch einarbeiten. Den Teig so lange kneten, bis er Blasen wirft. Sollte er kleben, noch etwas Mehl zugeben.

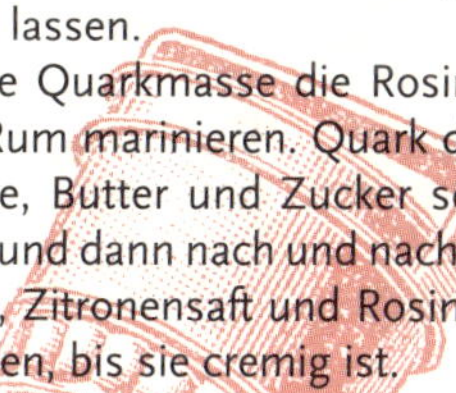

Zugedeckt an einem warmen, zugfreien Ort 1 Stunde gehen lassen.
Für die Quarkmasse die Rosinen in einer Schale mit dem Rum marinieren. Quark durch ein Sieb streichen. Eigelbe, Butter und Zucker schaumig schlagen. Erst Milch und dann nach und nach den Quark unterrühren. Stärke, Zitronensaft und Rosinen zugeben. Die Masse schlagen, bis sie cremig ist.
Für die Mohnmasse die Butter zerlassen. Mohn und Milch unterrühren, zum Kochen bringen und 5 Minuten unter Rühren köcheln lassen. Brösel, Zucker und Zimt zufügen und alles nochmals aufkochen lassen. Vom Herd nehmen und abkühlen lassen; dabei mehrmals umrühren, damit sich keine Haut bildet.
Das Backblech einfetten. Den Backofen auf 200 °C (Gas Stufe 4, Umluft 180 °C) vorheizen. Den Teig zusammenstoßen und nochmals durchkneten. Auf einer bemehlten Arbeitsfläche ausrollen, das Blech damit auslegen und einen Rand hochziehen. Mehrmals mit einer Gabel einstechen. Mit einem Esslöffel versetzt Klekse von Quark- und Mohnmasse daraufsetzen.

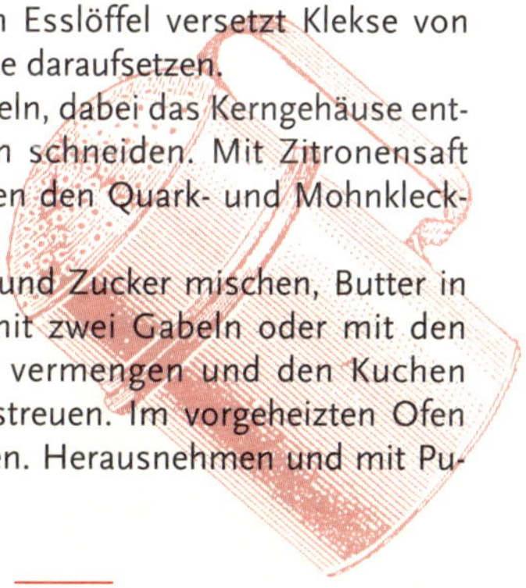

Die Äpfel schälen, vierteln, dabei das Kerngehäuse entfernen, und in Spalten schneiden. Mit Zitronensaft beträufeln und zwischen den Quark- und Mohnklecksen anordnen.
Für die Streusel Mehl und Zucker mischen, Butter in Flöckchen zugeben, mit zwei Gabeln oder mit den Händen zu Streuseln vermengen und den Kuchen gleichmäßig damit bestreuen. Im vorgeheizten Ofen etwa 45 Minuten backen. Herausnehmen und mit Puderzucker bestäuben.

Prasselkuchen

Für den Teig:
250 g Mehl, 15 g Hefe, 4 EL Zucker,
100 ml lauwarme Milch, 1 Msp. Salz,
80 g Butterschmalz, 1 TL abgeriebene
unbehandelte Zitronenschale
Für die Streusel:
200 g Mehl, 175 g Zucker, 1 Päckchen
Vanillezucker, 1 Prise Zimt, 150 g Butter
Für den Guss:
150 g Puderzucker
Außerdem:
Butter für das Backblech, Mehl zum Bearbeiten,
200 g Aprikosenkonfitüre zum Bestreichen

Für den Teig das Mehl in eine Schüssel sieben und in die Mitte eine Vertiefung drücken. Die Hefe mit 1 Teelöffel Zucker sowie etwas Milch verquirlen und in die Vertiefung gießen. Mit etwas Mehl bestäuben. Salz, Schmalz in Flöckchen, restlichen Zucker und Zitronenschale auf dem Mehlrand verteilen. Den Vorteig zugedeckt 30 Minuten an einem warmen, zugfreien Ort gehen lassen. Von der Mitte her die Zutaten kräftig zu einem glatten Teig verkneten und nochmals 1 Stunde gehen lassen. Das Backblech einfetten. Den Backofen auf 200 °C (Gas Stufe 4, Umluft 180 °C) vorheizen. Den Teig nochmals durchkneten, auf einer bemehlten Arbeitsfläche ausrollen, das Blech damit belegen und einen Rand hochziehen. Mehrmals mit einer Gabel einstechen und mit der Konfitüre bestreichen.

Für die Streusel Mehl, Zucker, Vanillezucker und Zimt mischen. Die Butter in Flöckchen dazugeben. Mit den Händen oder mit zwei Gabeln die Zutaten zu Streuseln vermengen und auf die Konfitüre streuen. Im vorgeheizten Backofen in etwa 30 Minuten goldbraun backen. Herausnehmen, Puderzucker mit 2 Esslöffeln Wasser zu einem Zuckerguss verrühren und die Streusel sofort damit überziehen.

Kräbbelchen

5 EL Butter, 80 g Zucker,
1 Päckchen Vanillezucker, 2 Eier,
1 Prise Salz, 3 EL Rum,
250 g Mehl, 1 TL Backpulver,
Mehl zum Bearbeiten,
Fett zum Ausbacken,
Puderzucker zum Bestäuben

In einer Schüssel Butter, Zucker, Vanillezucker, Eier, Salz und Rum verrühren. Mehl und Backpulver vermischen, sieben und nach und nach in die Butter-Eier-Masse einrühren. Den Teig auf einer bemehlten Arbeitsfläche 1/2 Zentimeter dick ausrollen. Rechtecke ausschneiden oder mit einem Kuchenrädchen abteilen. In einem Topf das Fett erhitzen und die Teigstücke darin schwimmend goldbraun ausbacken. Herausnehmen, kurz auf Küchenpapier abtropfen lassen und mit Puderzucker besieben. Möglichst frisch genießen.

Pulsnitzer Pfefferkuchen

Seit dem Jahre 1743 duftet es in Pulsnitz das ganze Jahr über nach Weihnachten, denn da gründete Tobias Thomas die erste Pfefferküchlerei. Viele Backkünstler machten es ihm nach. Und noch heute kann man in zahlreichen kleinen Schaufenstern wunderschön bemalte und appetitliche Kunstwerke sehen (zum Aufessen beinahe zu schade!). Einige Kilometer entfernt, in Weißenberg, steht das einzige Pfefferkuchenmuseum Deutschlands. Zu bestaunen gibt es dort Kücheneinrichtungen und -utensilien der fleißigen Pfefferküchler von anno dazumal.

250 g Honig, 250 g Zucker,
50 g Butter, 3 EL Kakao, 600 g Mehl,
1 Msp. Zimt, 4 g Kardamom,
1/2 TL abgeriebene unbehandelte Zitronenschale,
125 g gehackte Mandeln, 2 EL gehacktes Zitronat,
1 Ei, 10 g Hirschhornsalz, 5 g Pottasche

Außerdem:

Mehl zum Bearbeiten, Butter für das Backblech,
nach Belieben ca. 100 g Puderzucker für die Glasur
und Zuckerperlen zum Verzieren

Am Vortag in einem Topf Honig, Zucker und Butter erhitzen, verrühren und abkühlen lassen. Kakao und Mehl mischen, sieben und mit Zimt, Kardamom, Zitronenschale, Mandeln, Zitronat und Ei zur Honigmasse geben. Hirschhornsalz und Pottasche getrennt in wenig Wasser auflösen und ebenfalls zufügen. Alles zu einem glatten Teig verkneten. Mit einem Tuch bedecken und über Nacht an einem kalten Ort ruhen lassen.
Am nächsten Tag den Backofen auf 180 °C (Gas Stufe 3, Umluft 160 °C) vorheizen. Den Teig auf einer bemehlten Arbeitsfläche 1/2 Zentimeter dick ausrollen und nach Belieben Sterne, Herzen, Kreise, Weiblein oder Männlein ausstechen und auf ein gefettetes Backblech legen. Im vorgeheizten Backofen etwa 12 Minuten backen. Herausnehmen und abkühlen lassen. Nach Belieben den Puderzucker mit wenig Wasser verrühren und die Pfefferkuchen mit Glasur und Zuckerperlen verzieren.

Dresdner Christstollen

Dies ist wohl die berühmteste süße Leckerei aus Sachsen. Sie entfaltet ihr unnachahmliches Aroma allerdings erst, wenn man sie vor dem Anschneiden mindestens 3–4 Wochen durchziehen lässt.

Für den Stollen:
1 kg Sultaninen, 250 g Korinthen,
1/4 l Rum, 2,5 kg Mehl, 300 g Hefe, 3/4 l lauwarme Milch, 500 g Zucker, 4 Päckchen Vanillezucker,
1 EL abgeriebene unbehandelte Zitronenschale,
35 g Salz, 1,2 kg weiches Butterschmalz,
150 g Zitronat, 150 g Orangeat, 10 gehackte bittere Mandeln, 300 g gehackte süße Mandeln
Für die Glasur:
250 g Butter, 80 g Zucker, 250 g Puderzucker
Außerdem:
Butter und Mehl für das Backblech

Am Vorabend des Backtags Sultaninen und Korinthen waschen und in einem Sieb abtropfen lassen. In einer Schale mit Rum übergießen und über Nacht zugedeckt marinieren. Die übrigen Zutaten währenddessen in einem warmen Raum lagern.

Am Backtag das Mehl auf ein Backbrett sieben und in die Mitte eine Vertiefung drücken. Die Hefe mit etwas lauwarmer Milch verquirlen und in die Vertiefung gießen. Mit etwas Mehl bestäuben und verrühren. Den Vorteig zugedeckt 2 Stunden gehen lassen. Zucker, Vanillezucker, Zitronenschale, Salz, Schmalz, in kleine Würfel geschnittenes Zitronat und Orangeat, Mandeln und Milch zugeben und alles gut verkneten. Zugedeckt 3 Stunden gehen lassen.
Den Backofen bei 200 °C (Gas Stufe 4, Umluft 180 °C) vorheizen. Ein Backblech leicht einfetten und mit Mehl bestäuben. Den Teig zusammenstoßen, gut durchkneten und in 1 bzw. 1 1/2 Kilogramm schwere Stücke teilen. Die Teigstücke zu länglichen Broten formen, längs leicht einkerben und auf das Backblech legen. Weitere 30 Minuten gehen lassen. Im vorgeheizten Backofen etwa 1 Stunde backen. Herausnehmen und etwas abkühlen lassen.
Für die Glasur die Butter in einem kleinen Topf zerlassen und die Stollen damit bepinseln, mit Zucker bestreuen und mit Puderzucker besieben. Diesen Vorgang noch ein weiteres Mal wiederholen.

Verzeichnis der Rezepte

Salate und Suppen

Kopfsalat mit Kapuzinerkresse 9
Gurkensalat 9
Apfel-Möhren-Salat 10
Kohlrabisalat 10
Löwenzahnblütensalat 11
Eiersalat mit Brunnenkresse 11
Wurstsalat 12
Bornaer Zwiebelsuppe 13
Grüne Suppe 14
Kräutersuppe 14
Kürbis-Kartoffel-Suppe 15
Frühlingssuppe 16
Oberlausitzer Abernsuppe (Kartoffelsuppe) 17
Sorbische Hochzeitssuppe 18
Meißner Weißkohlsuppe 19

Gerichte mit Gemüse

Leipziger Allerlei 21
Blumenkohl mit Schinkensauce 22
Erbsengemüse 23
Bornaer Apfel-Zwiebel-Gemüse 23
Kohlrouladen 24
Rotkraut 25
Sauerkraut 26
Schmorgurken 27
Oberlausitzer Schmorgemüse 28
Spargelkuchen 29

Kartoffelgerichte und Klöße

Sächsische Wickelklöße 31
Griegeniffte (Grüne Klöße) 32
Vogtländische Bambes (Pfannenklöße) 33
Vogtländische Jägerklöße 34
Watteklöße 35
Oberlausitzer Abernmauke (Kartoffelbrei) 36
Oberlausitzer Brutabern (Bratkartoffeln) 37
Rauche Mad (Kartoffelpfanne) 38
Erzgebirgische Klitscher (Kartoffelpuffer) 39
Kartoffelkuchen 40
Kartoffelsalat 41

Gerichte mit Fleisch und Fisch

Sächsischer Senfbraten 43
Oberlausitzer Gewiegtesbrutl (Hackbällchen) 44
Bierfleisch 44
Schmorbraten in Morchelrahm 45
Gänsebraten 46
Oberlausitzer Osterlammtopf 47
Kaninchenbraten 48
Sächsischer Rehbraten 49
Forelle blau 50
Gebratene Forelle 50
Karpfen in Weinsauce 51
Oberlausitzer Apfelheringe 52
Matjesfilet in pikanter Sauce 52
Bratheringe 53

Verzeichnis der Rezep

Desserts und Backwerk

Sächsischer Sonntagspudding . . . . .
Erdbeerdessert . . . . .
Rote Grütze . . . . .
Leipziger Ringtaler . . . . .
Quarkkeulchen . . . . .
Adorfer Eierkuchen . . . . .
Annaberger Plinsen . . . . .
Leipziger Lerchen . . . . .
Bäbe (Rührkuchen) . . . . .
LPG-Kuchen . . . . .
Dresdner Eierschecke . . . . .
Gefüllter Bienenstich . . . . .
Kleckselkuchen . . . . .
Prasselkuchen . . . . .
Kräbbelchen . . . . .
Pulsnitzer Pfefferkuchen . . . . .
Dresdner Christstollen . . . . .